마음을 읽으면 경영이 보여요!

머리말

최근 우리 사회에서 기업의 사회적 역할이 점점 커지고, 아울러 소비자의 힘도 점점 커져가는 경향을 느낄 수 있습니다. 뿐만 아니라 글로벌 시대의 가속화도 쉽게 느끼기도 합니다. 따라서 기업이나 경영을 올바르게 이해하는 것은 더 이상 교실에서의 문제가 아닌 현실적인 문제라 생각됩니다. 경영에서 가장 중요한 개념은 바로 기본적인 활동의 실천이라 생각합니다. 우리는 위기에 닥치거나 혼란에 빠질 때, 《기본으로 돌아가라》는 말을 자주 사용합니다. 요즘 경영이란 개념이 〈자아경영, 국가경영, 세계경영, 병원경영, 여행사경영, 학원경영, 시간경영, 문화경영, 이미지경영, 스포츠마케팅 등〉 다양하게 사용되면서 기본 개념의 정립이 필요한 실정입니다.

그동안 경영학을 교실에서 학생들에게 가르치며 주변의 사업 현장으로부터 느낀 생각은 경영 현상을 나타난 표면으로만이 아닌, 그 내면의 복합적인 융합과정을 올바로 이해할 수 있으면 좋겠다는 것입니다. 그래서 경영을 처음 대하거나 직접 접하지 못하는 사람들도 경영의 기본적인 개념을 이해하고 재미있게 읽을 수 있도록 일상생활의 유머나 우화 또는 좋은 글을 섞어서 가급적 쉽게 서술하였습니다. 특히 경영은 조직의 구성원 마음을 하나로 모으는 것이 매우 중요한 일이라는 생각에서, 우리나라의 불교계에 큰 족적을 남기신 성철 스님의 가르침을 많이 새기면서 마음과 관련한 다양한 글들을 각 장에 많이 인용하였습니다.

성철 스님의 가르침 중에서 특히 새겨볼 내용입니다.

> "수행이란 안으로는 가난을 배우고, 밖으로는 모든 사람을 공경하는 것입니다. 어려움 가운데 가장 어려운 것은, 알고도 모른 척하는 것입니다. 용맹 가운데 가장 큰 용맹은, 옳고도 지는 것입니다. 공부 가운데 가장 큰 공부는, 남의 허물을 뒤집어쓰는 것입니다."

경영은 기업의 CEO만이 알아야 하는 것이 아닙니다. 경영학을 전공하지 않아도, 기업경영을 경험해보지 않아도, 경영학에 대한 지식을 습득하는 것은 성공적인 삶을 위해서도 꼭 필요하게 되었습니다. 그리고 철학자이자 수필가인 안병욱 교수는 예쁜 삶을 위해선 밝은 생각과 따뜻한 마음이 필수적이라고 합니다. 즉, 마음씨는 행복의 필수 조건이라고 합니다. 그래서 마음경영을 위한 본문의 내용을 크게 밝은 마음이나 밝은 생각의 [正義정의로운 마음]편과 따뜻한 마음이나 따뜻한 생각의 [慈愛자애로운 마음]편으로 나누어 서술하였습니다.

모쪼록 우리들의 생각과 글이 직장인과 학생은 물론, 경영과 거리가 멀었던 일반인에게도 경영을 올바로 이해하는데 도움이 되기를 바랍니다. 끝으로, 늘 혜안이 번쩍이는 在美재미 홍병식 은사님과 앞선 여러 학자들의 좋은 글에 깊이 감사의 말씀을 올립니다.

감사합니다.

2013년 7월

이동철 · 진금옥 · 김병숙

목 차

正義정의로운 마음

慈愛자애로운 마음

正義정의로운 마음

01

버팔로와 기업가 정신

미국의 초원을 아메리카 들소인 ‘버팔로’가 무리를 지어서 달리는 장면은 장관을 이루며 누구에게나 깊은 인상을 준다. 하지만, 버팔로의 무리는 토네이도와 같이 불규칙하게 움직이기 때문에 언제 어디에서 버팔로가 나타날지는 아무도 알지 못한다.

한 청년이 신문에 공고를 냈다. 자신을 버팔로의 연구가로 소개한 이 청년은 몇 일, 몇 시, 몇 분, 어느 장소에 버팔로 무리가 지나 갈 것이라는 정보가 담긴 초청장을 1달러에 판다는 것이다. 만약 자신의 예측이 틀린다면 2달러로 되돌려 준다는 공고였다. 많은 사람들이 그에게서 1달러에 초청장을 샀다. 그리고 그 시간 그 장소에 사람들이 구름같이 많이 모였다. 하지만 버팔로의 무리는 나타나지 않았고 그 청년은 약속대로 그 많은 사람들에게 2달러를 돌려줬다. 하지만 이 청년은 그 일로 많은 돈을 벌었다고 한다.

이 청년은 어떻게 손해를 보지 않고 오히려 돈을 벌 수 있었을까? 이 이야기의 진실은 이렇다. 버팔로가 지나간다는 장소로 들어가기 위해서 사람들은 조그만 강을 건너야 했다. 그 강에는 다리가 없어서 5달러를 내고 뗏목을 타고 강을 건너야 했는데, 이 청년의 진짜 직업은 그 뗏목을 운영하는 뱃사공이었다고 한다. *

기업가는 불확실한 환경과 경쟁 속에서 새로운 사업을 개척해가는 혁신자나 모험자로서 개척자적인 정신(Entrepreneurship)을 발휘하는 사람을 말한다. 이런 기업가들, 특히 성공한 기업가들의 특성은 대체로 다음과 같다.

첫째, 성취욕구(Need for Achievement)가 강하다. 맥클랜드(D. McClelland)에 의하면 인간에게는 크게 권력(Power), 친교(Affiliation), 성취(Achievement)에 대한 욕구가 있는데, 미국 국민들의 5% 정도가 성취에 대한 욕구가 강하다는 것이다. 대체로 성공이라는 기준은 목표달성 여부에 의존하게 되는 데, 목표를 너무 높이 잡으면 좌절(frustration)의 위험이 있고, 반대로 너무 낮게 잡으면 자기만족(complacency)에 빠질 위험이 있다.

둘째, 독립에 대한 욕구(Desire for Independence)가 강하다. 대기업의 관료적이거나 부문에서의 업무만으로는 크게 동기부여 되지 못하고, 자신의 경험과 능력을 토대로 자기사업을 영위하려는 의지가 창업자에게는 강하다. 미래의 성공한 자신의 모습에 크게 격려될 수 있다.

★ 윤석철 교수, 〈경영학의 진리체계〉

셋째, 자신에 대한 신뢰나 자존심(Self-Confidence and/or Self-Esteem)이 강하다. 자신감은 창업자를 성공한 기업가로서 그 대가는 물질적인 것뿐만 아니라 사회적으로도 명예를 드높이게 되어 많은 창업자들에게 나타나는 특성이다.

넷째, 미래 지향적(Future-Oriented)이다. 어제와 실패에 연연하기보다는 내일의 성공을 위하여 창업자는 보다 미래의 부푼 꿈을 지향하는 경향이 강하다. 이러한 미래에 대한 기대는 매일매일 닥치는 현실의 어려움을 참고 극복할 수 있는 원동력이 된다.

다섯째, 자기희생적(Self-Sacrificing)이다. 야망을 꿈꾸는 창업가에게는 주말이나 휴가의 개념이 없고 자신의 목표를 달성하는 데 모든 것을 희생하고자 한다.

기업가로서 성공하기 위해서는 이러한 개인적인 특성이 있지만, 시장에서는 다음과 같은 상황들이 연구되어야 한다.

- 어떤 사업에 뛰어들 것인가?
- 내가 창업할 것인가 아니면 사업체를 인수할 것인가?
- 내가 구상하는 제품이나 서비스의 시장은 무엇이고 어디에 있는가?
- 사업에 필요한 자금은 어느 정도이고 어디에서 조달할 것인가?
- 사업체를 성공적으로 경영하기 위해서 어떤 능력이 필요할 것인가?

이러한 기업가정신은 대기업에서도 조직의 능률을 제고시키기 위하여 사내기업가(Intrapreneur)의 개념으로 오늘날 많이 활용되기도 한다. 핀촛(G. Pinchot III)이 처음으로 조직에서 아이디어를 상품화하여 수익을 올리는 경영자를 지칭하여 사용하면서 널리 쓰이기 시작하였는데, 노란 메모지(Post-it Note Pads)를 창안한 3M사의 기술자인 프라이(A. Fry)나 비디오 게임과 비디오카메라를 만들어 낸 GE사의 로빈슨과 스티븐슨(J. Robinson & H. R. Stevenson Jr.), 그리고 퍼스널 컴퓨터(PC)를 만든 IBM사의 에스트릿치(P. Estridge)는 대표적인 조직 내의 기업가라 하겠다.

이런 조직 내 기업가가 많이 배출되기 위해서는 조직이 다음과 같은 뒷받침이 필수적이라 하겠다.

1. 구성원들이 마음 놓고 실패할 수 있으며(willingness to tolerate failure), 수시로 필요한 지원을 요청하고 또 실천될 수 있도록 상부 경영층(Senior Management)가 함께 몰두하여야 한다.
2. 시장의 변화에 즉시 대응할 수 있도록 조직구조의 유연성이 필요하다.
3. 사내 기업가들이 창의적인 아이디어를 상품화할 수 있도록 이들에게는 일상적인 업무에서 벗어나 독자적으로 시간을 활용할 수 있도록 해주어야 한다.
4. 사내 기업가들은 흔히 몇 번의 실패를 맛보게 되므로 이러한 경험과 이를 극복할 수 있는 훈련을 통하여 능력 있는 사내 기업가를 많이 양성할 수 있게 된다.
5. 성공한 사내 기업가에게는 이에 상응하는 대가와 신분상승의 경로를 보여주는 것이 필수적이다. 이런 모험에는 많은 위험

이 동반되기 때문에 성공에 대한 정당한 보상이 뒤따르지 않는다면 계속해서 사내 기업가들의 출현은 기대하기 어려울 것이다.

6. 대규모 조직 내의 질서유지와 기업가적인 정신은 서로 갈등을 일으키기가 쉽다. 만약 조직의 규율을 엄하게 통제하면 사내의 모험사업에 대한 열의가 꺾이게 되고, 반대로 기업가정신을 강하게 살리면 조직 전체의 통제가 느슨해지는 문제가 생긴다. 이러한 갈등을 적절히 조정할 수 있는 조직의 통제시스템의 개발이 필요하다.

02
경영자와 목계지덕

중국 고전인 '장자'의 달생편(達生篇)에 「望之似木鷄矣 其德全矣 망지사목계의 기덕전의」이 나오는데, 이는 《보기에 마치 나무로 깎아 만든 닭과 같으니, 그 덕이 완전하다》라는 의미로 보통 '목계지덕(木鷄之德)'이라고 한다.

이의 유래를 보면, 주나라 선왕(宣王)이 투계(鬪鷄)를 좋아하는데, 당대 최고의 조련사인 '기성자'를 불러 최고의 싸움닭으로 만들라고 명합니다. 왕은 빨리 싸움을 시켜보고 싶어 조바심을 냈지만, 기성자는 닭이 '경지'에 오를 때까지 서두르지 않았습니다.

열흘이 지나고 왕이 기성자에게 물었습니다.
"닭이 싸우기에 충분한가?"

기성자는,
"아직 멀었습니다. 닭이 강하긴 하나 교만하여 아직 자신이 최고인 줄 알고 있습니다."

다시 열흘 뒤에 왕이 물었습니다.
"이제 닭이 싸우기에 충분한가?"

기성자는 말했습니다.

"아직 멀었습니다. 교만함은 버렸으나 상대방의 소리와 그림자에 너무 쉽게 반응합니다."

또다시 열흘이 흘렀습니다.

"이제는 닭이 싸우기에 충분한가?"

기성자가 대답했습니다.

"아직도 멀었습니다. 조급함은 버렸으나 상대방을 노려보는 눈초리가 너무 공격적입니다."

또 열흘이 지난 후에 왕이 물었습니다.

"이제는 닭이 싸우기에 충분한가?"

기성자가 대답하기를,

"이젠 다되었습니다. 상대방이 아무리 소리치고 위협해도 아무 반응도 하지 않으며, 마치 나무로 조각한 닭(木鷄)과 같아서 이제는 그 어떤 닭을 바라보기만 해도 이 닭의 완전한 덕에 압도되어 제 풀에 도망칠 것입니다."

故고 이병철 삼성 전 회장은 자신의 집 거실에 목계(木鷄)를 걸어 걸어 놓고 자신의 마음을 경계했다고 합니다.

보통 처음 싸움을 배우는 소인배는 의기양양하여 다른 사람을 보면 무조건 시비를 겁니다. 그 다음에는 싸움을 잘한다는 사람을 찾아다니며 싸움을 겁니다. 무협지에서 각 문파를 찾아다니며 실력을 자랑하는 사람처럼 말입니다. 하지만 무술이 경지에 이른 고수는 다릅니다. 다른 이가 싸움을 걸어와도 움직이지 않습니다.

평소에는 장중한 모습을 유지합니다. 진정 싸워야할 때가 오면 '실력'을 보여줍니다.

경지에 이른 이는 자신의 힘, 권세, 재물을 자랑하고 뽐내며 허세를 부리지 않습니다. 아무리 약한 적이라 해도 경시하지 않습니다. 아무리 상대가 으르렁거려도 목계처럼 초연한 마음, 평상심을 유지하다가, 꼭 필요할 때 실력을 보여줍니다. 살아가면서 허장성세를 보이려할 필요도 없고, 시련이나 비난에 동요하거나 흔들릴 필요도 없을 것 같습니다. 초연하게 자신의 길, 정도를 걸어가면 됩니다. 타인과의 싸움이 아니라 '자신과의 싸움'에서 이기는 것이 중요합니다. 목계지덕(木鷄之德)처럼 말입니다.

고전적 자본주의 경제에서는 자본의 출자자가 동시에 경영자이기도 하였다. 그러다가 기업의 규모가 커지고, 특히 주식회사제도가 발전함에 따라 소유와 경영의 분리가 이루어지게 되어 전문적인 지식과 능력을 바탕으로 한 전문경영자(Expert Manager, Professional Manager)가 소유경영자(Owner Manager)를 대신하게 되었다. 지금도 개인기업이나 규모가 그다지 크지 않은 조직에서는 소유경영자가 효율적일 수 있지만, 오늘날 대량생산에 의한 대규모의 기업에서는 경영환경의 변화에 대응하고 치열해지는 경쟁에서의 효과적이고 합리적인 경영을 위해서는 점차 전문경영자의 전문적인 경험과 지식 및 경영정책을 실천할 수 있는 경영능력이 필요하다.

샤인(E. H. Schein)은 소유경영자와 전문경영자의 특성을 다음과 같이 비교한다. 즉, 소유경영자는 경영활동을 자기중심적이고 위험 선호적(Risk-Taking)이며, 직관적이고 장기적인 관점에서 경영혁신을 추구한다. 대인관계에 있어서는 구성원들과의 각별한 유대관계를 통하여 전체적인 공동체의식을 형성하며, 공식적인 규칙이나 직무규정보다는 개인적인 친분과 신뢰에 바탕을 둔 업무처리를 한다. 반면, 전문경영자는 계획을 세우고 정상적인 의사결정과정을 통하여 합리적이고 공식적인 업무를 처리한다. 비교적 단기적인 관점에서 구체적인 전략방향을 설정하고 구성원들의 협조와 참여 속에서 기업의 규칙과 질서를 중시 여기는 경향이다. 이러다보니 일부 학자들은 전문경영자들이 소유주와는 다르게 단기적인 성과 위주로 자신들의 지위 안정과 이익에 급급함으로 오히려 기업의 소유와 경영의 분리가 경영성과에 부정적인 영향을 미친다고 주장한다.

그런데 현대의 기업들은 소유 구조가 매우 복잡하고 다양한 관계자들로 구성되어 있어서 어디까지를 소유주라고 불러야 할 지 애매하다. 보통 우리 사회에서 기업의 오너(Owner)라는 의미는 기업의 지분 대다수를 소유하고 있는 특정인이라기보다는, 기업을 처음 시작한 창업자와 그 일가라 볼 수 있다. 따라서 소유경영이란, 이들 창업자 일가에 의한 경영 방식이라고 할 수 있다. 대체로 오너가 회장(혹은 명예회장)의 직함을 맡아서 기업의 경영 의사를 결정하는 데 직간접적으로 깊숙이 개입하게 되며, 오너의 일가 구성원들이 해당 기업이나, 자회사들을 운영하는 데 핵심적으로 관여하는 위치에 있게 되는 경우가 대부분이다. 우리나라의 대기업 가운데서 주로 재벌이라고 부르는 삼성, 현대, SK, LG 등 대기업 집단이 이러한 소유경영을 하는 기업에 속한다.

이에 비하여 전문경영은 전문경영자에게 기업의 최종적인 의사결정을 맡기는 경영 시스템이다. 그러므로 전문경영자는 소유와 경영의 분리에 의해 자본가 대신 기업을 생산 · 구매 · 수송 · 판매 · 재무 · 연구개발 등 각 직능 부문들의 조정 및 평가를 하며, 필요한 제반 정책결정을 한다. 전문경영자는 기업의 소유 구조에 직접적인 관계가 없으며, 기업의 의사결정은 임원들로 구성된 이사회나 주주총회를 통해 이루어지는 것이 보통이다. 우리나라에서는 보통 민영화된 공기업(POSCO, KT 등)이나 금융기업(KB, 신한은행, 하나은행 등) 등 소유구조가 애초부터 특정인이나 일가 중심이 아니었던 기업들에서 이러한 전문경영 행태가 나타난다.

오너 경영은 대체로 기업의 장기적인 성장과 발전을 위한 신속한 의사결정이 가능하고, 책임성(혹은 애사심)이 높으며, 미래에 대한 비전(vision)이 강하다. 반면, 전문 경영은 합리적인 의사결정이 가능하고, 기업의 자원을 최대한 효율적으로 운영하여 최대의 이윤을 실현하며, 기업의 바람직한 조직문화와 혁신을 추구하는데 유리하다.

03
숙종 임금과 의사결정

숙종 임금이 어느 날 국민들을 살피러 수원성 고개 아래 쪽 냇가를 지나는 데 허름한 시골총각이 관을 옆에 놓고 슬피 울면서 물이 나오는 냇가에다 묘 자리를 파고 있는 것을 보고,

'아무리 가난하고 몰라도 유분수지 어찌 묘를 물이 나는 곳에 쓰려고 하는지 이상하다'

는 생각을 하고 무슨 연고가 있지 싶어 그 더벅머리 총각에게로 다가가

"여보게 총각, 여기 관은 누구의 것이요?"

하고 물었다.

"제 어머님의 시신입니다."

"그런데 개울은 왜 파는고?"

하고 짐짓 알면서도 딴청을 하고 물으니

"어머니 묘를 쓰려고 합니다."

미루어 짐작은 했지만 숙종은 어처구니가 없었다.

"이보게 이렇게 물이 솟아나고 있는데 어찌 여기다 어머니 묘를 쓰려고 하는가?"

하고 재차 다그쳐 물으니,

그 총각은,

"저도 영문을 잘 모르겠습니다. 오늘 아침에 어머니께서 갑자기 돌아가셨는데, '갈' 처사라는 노인이 찾아와 절더러 불쌍타 하면서 저를 이리로 데리고 와 이 자리에 묘를 꼭 쓰라고 일러 주었습니다. 그 분은 유명한 지관(地官)인데, 저기 저 언덕 오막살이에서 혼자 살고 있습니다."

라고 힘없이 대답을 하고는 옷소매로 연신 눈물을 훔치며 자신의 곤혹스런 처지를 처음 보는 양반나리에게 하소연하듯 늘어놓았다.

숙종이 가만히 듣자하니 갈 처사라는 지관이 괘씸하기 짝이 없었다. 궁리 끝에 지니고 다니던 지필묵을 꺼내어 몇 자 적었다.

"여기 일은 내가 보고 있을 터이니 이 서찰을 수원부로 가져가게. 수문장들이 성문을 가로 막거든 이 서찰을 보여주게."

총각은 또 한 번 황당했다. 아침에는 어머님이 돌아가셨지. 유명한 지관이 냇가에 묘를 쓰라고 했지. 이번에는 웬 선비가 갑자기 나타나 수원부에 서찰을 전하라 하지. 도무지 어느 장단에 발을 맞추어야 할지 모를 지경이었다.

그러나 총각은 급한 발걸음으로 수원부로 갔다.

서찰에 적힌 내용은 다음과 같았다.

"어명(御命)! 수원부사는 이 사람에게 당장 쌀 삼백 가마를 하사하고, 좋은 터를 정해서 묘를 쓸 수 있도록 급히 조치하라."

수원부가 갑자기 발칵 뒤집혔다. 허름한 시골 총각에게 유명한 지관이 동행하질 않나, 창고의 쌀이 쏟아져 바리바리 실리지를 않나.

"아! 상감마마, 그 분이 상감마마였다니!"

총각은 하늘이 노래졌다. 다리가 사시나무 떨리듯 떨렸다. 냇가에서 자기 어머니 시신을 지키고 서 있을 임금을 생각하니, 황송하기가 이루 말할 수 없었다. 기쁨보다는 두려움과 놀라움에 몸 둘 바를 몰랐다.

한편, 숙종은 총각이 수원부로 떠난 뒤 괘씸한 갈 처사라는 자를 단단히 혼을 내 주려고 총각이 가르쳐 준 대로 가파른 산마루를 향해 올라갔다. 단단히 벼르고 올라간 산마루에 있는 찌그러져 가는 갈 처사의 단칸 초막은 그야말로 볼품이 없었다.

"이리 오너라!"
"……………"
"이리 오너라!"
"……………"

한참 뒤 안에서 말소리가 들려왔다.

"게 뉘시오?"

방문을 열며 시큰둥하게 손님을 맞는 주인은 영락없는 꼬질꼬질한 촌 노인네 행색이다. 콧구멍만한 초라한 방이라 들어갈 자리도 없다.

숙종은 그대로 문밖에서 묻는다.

"나는 한양 사는 선비인데 그대가 '갈' 처사 맞소?"
"그렇소만 무슨 연유로 나를 찾소?"
"오늘 아침 저 아래 상을 당한 총각더러 냇가에 묘를 쓰라했소?"
"그렇소!"
"듣자하니 당신이 자리를 좀 본다는데 물이 펑펑 솟아나는 냇가에 묘를 쓰라니, 당키나 한 일이요? 골탕을 먹이는 것도 유분수지 어찌 그럴 수가 있단 말이요?"

숙종의 참았던 감정이 어느새 격해져 목소리가 커졌다.

'갈' 씨 또한 촌로이지만 낯선 손님이 찾아와 다짜고짜 목소리를 높이니 마음이 편치 않았다.

"선비란 양반이 개 코도 모르면서 참견이야. 당신이 그 땅이 얼마나 좋은 명당 터인 줄 알기나 해?"

버럭 소리를 지르는 통에 숙종은 기가 막혔다.

(속으로 이놈이 감히 어느 안전이라고, 어디 잠시 두고 보자 하고 감정을 억 누르며)
"저기가 어떻게 명당이란 말이요?"
"모르면 가만이나 있지, 이 양반아 저기는 시체가 들어가기도 전에 쌀 3백가마를 받고 명당으로 들어가는 땅이야. 시체가 들어가기도 전에 발복(發福)하는 자리인데, 물이 있으면 어떻고 불이 있으면 어때? 개 코도 모르면 잠자코 나 있으시오!"

숙종의 얼굴은 그만 새파랗게 질려버렸다.

'갈' 처사 말대로 시체가 들어가기도 전에 총각은 쌀 3백가마를 받았으며 명당으로 옮겨 장사를 지낼 상황이 아닌가! 숙종은 '갈' 처사의 대갈일성(大喝一聲)에 얼마나 놀랐던지 자신도 모르게 목소리가 공손해 졌다.

"영감님이 그렇게 잘 알면 저 아래 고래등 같은 집에서 떵떵거리고 살지 않고 왜 이런 산마루 오두막에서 산단 말이오?"
"이 양반이 아무 것도 모르면 가만이나 있을 것이지 귀찮게 떠들기만 하네!"
"아니! 무슨 말씀인지요?"

숙종은 이제 주눅이 들어있었다.

저 아래 것들은 남을 속이고 도둑질이나 해 가지고 고래등 같은 기와집을 가져봐야 아무 소용이 없어. 그래도 여기는 바로 임금이 찾아올 자리여. 지금은 비록 초라하지만 나랏님이 찾아올 명당이란 말일세!"

숙종은 그만 정신을 잃을 뻔 했다. 이런 신통한 사람을 일찍이 만나본 적이 없었다. 꿈속을 해매고 있는 것 같았다.

"그렇다면 왕이 언제 찾아옵니까?"
"거, 꽤나 귀찮게 물어 오시네. 잠시 기다려 보오. 내가 재작년에 이 집을 지을 때에 날 받아놓은 것이 있는데, 가만……. 어디에 있더라?"

하고 방 귀퉁이에 있는 보자기를 풀어서 종이 한 장을 꺼내어 먼지를 털면서 들여다보더니……. 그만 대경실색(大驚失色)을 한다.

그 자리에서 벌떡 일어나 밖에 나가 큰 절을 올리는 것이었다. 종이에 적힌 시간이 바로 지금 이 시간이었다. 임금을 알아본 것이다.

"여보게! '갈' 처사, 괜찮소이다. 대신 그 누구에게도 결코 말하지 마시오. 그리고 내가 죽은 뒤에 묻힐 자리 하나 잡아주지 않겠소?"

"대왕님의 덕이 높으신데 제가 신하로서 자리 잡아 드리는 것은 무한한 영광이옵니다. 어느 분의 하명이신데 거역하겠사옵니까?"

그 후 숙종 임금은 '갈' 처사에게 3천 냥을 하사하였으나, 노자로 30냥만 받아들고 홀연히 어디론가 떠나갔다는 이야기가 전해오고 있다.

'갈' 처사가 잡아준 숙종의 왕릉인 '명릉(明陵)'을 포함한 서오릉(西五陵)은 경기도 고양시에 위치하며 현재 유네스코의 세계문화유산으로도 등록되어 있다.★

1980년대 삼성의 故고 이병철 회장이 반도체 사업에 진출하려고 할 때, 주변의 모든 참모들은 일본의 기술력과 경쟁력 때문에 반대하였다고 한다. 그러나 이 회장은 앞으로 이 사업의 미래를 내다보고 엄청난 모험적인 사업에 뛰어들기로 결정하여 오늘날의 삼성을 일구어 낼 수 있었다. 이런 사례는 문제와 대안이 불명확한 의사결정이라 할 수 있다. 이 외에 신제품을 위한 연구개발이나 글로

★ 〈두산백과〉

벌 투자 등과 같이 기업의 존폐도 좌우할 수 있는 중요한 일이나 우리의 일상에서 혼인을 할 것인가? 누구랑 할 것인가? 등의 의사결정은 문제와 대안이 불명확한 경우라 할 수 있다. 이러한 의사결정을 '창의적인 의사결정(Innovative Decision Making)'이라 한다.

한편, 직장에서 계속해서 이루어지는 의사결정이나 매일 출근할 때 이용하는 교통수단이나 점심을 해결하는 일과 같이 흔히 이루어지는 의사결정은 명확한 문제에 대하여 명확한 답을 찾는 '반복적인 의사결정(Routine Decision Making)'이 있다. 또 다음의 이야기처럼 애매한 의사결정을 하여야 할 경우도 있다.

한 청년이 새로운 직장을 얻기 위하여 어느 회사에 면접을 보게 되었습니다. 면접관이 다음과 같은 질문을 했습니다.

"당신이 차를 운전하고 가다가 급히 차를 태워달라고 애원하는 세 사람을 보게 됩니다. 그 중에 한 사람은 죽어 가는 노인 할머니이고, 또 한 사람은 과거에 당신의 생명을 구해준 은인이며, 나머지 한 사람은 당신이 지금까지 꿈에만 상상하던 천생연분 같은 아가씨입니다. 당신의 차에는 한 사람만을 태울 자리가 있습니다. 이럴 경우에 당신은 어떻게 하겠습니까?"

여러분은 어떻게 대답을 하시겠습니까? 당신의 생명을 구해준 은인을 태운다면 노인 할머니는 죽을 것입니다. 할머니를 태우고 병원으로 간다면 당신의 은인은 당신이 배은망덕한 사람이라고 생각할 것입니다. 할머니나 은인을 태운다면 꿈에 그리던 아가씨는 다시 볼 기회가 없어질 것입니다.

그 청년은 면접관에게 이렇게 대답을 했다고 합니다.

"저는 제 생명을 구해준 분에게 제 자동차의 열쇠를 주겠습니다. 그리고 그 분으로 하여금 죽어가는 할머니를 태우고 급히 병원으로 가라고 말하겠습니다. 그런 후에 저는 천생연분으로 생각하는 아가씨를 보호하며 함께 길을 걷겠습니다."

말할 것도 없이 그 청년은 면접에 합격을 했다고 합니다.

의사결정에는 기업의 생존에 영향을 미칠 정도로 중요한 것에서부터 일상적으로 일어나는 반복적인 것에 이르기까지 다양한 종류가 있는데, 일반적으로 의사결정은 문제를 규정하고 이를 해결하기 위한 가장 적절한 대안을 찾는 과정이다. 이러한 의사결정은 뚜렷한 목표를 가질 때 훨씬 효과적이 된다. 의사결정의 과정은 일반적으로 다음 그림과 같다.

그림 | 의사결정 과정

1. **문제의 정의 :** 경영자는 대인관찰, 이용 가능한 자료의 분석, 고객과 조직의 비판집단 등을 이용하여 문제를 파악하게 된다. 이때 문제의 원인을 외적인 현상만으로 정의하기 보다는 근본적인 원인을 파악하는 것이 중요하다.

2. **목표의 설정 :** 해결되어야 할 수준이나 기준을 명확하게 하는 것이 좋다. 만약 적자가 난 회사가 당장 내년에 많은 흑자를 보려고 하는 것은 어려운 것처럼, 앞으로 1년 2년 3년 후의 목표를 세워 차근차근 이를 달성하기 위하여 문제점으로 생각하는 부분을 해결하는 것이 도움이 된다.

3. **대안의 탐색 :** 이 단계에서는 정보를 수집하고 자료를 분석한 다음 문제해결이 가능한 대체안을 찾는다.

4. **대안의 비교와 평가 :** 여러 가지 대안을 비교 검토할 때는 선택안에 대한 현실적인 효과와 수행가능성 및 조직구성원의 반응을 살펴보아야 한다.

5. **최적안의 선택 :** 여러 대안을 비교 평가한 후, 조직의 특성과 현재의 상황 및 소요되는 시간이나 비용을 고려하여 최적안을 선택한다.

6. **선택안의 실행 :** 최적안을 실행할 수 있는 구체적인 행동계획이 수립되어야 한다. 아울러 선택안에 대한 실행내용을 전 구성원에게 정확하게 알리는 것이 결과를 좋게 하는 데 중요하다.

7. **실행과정의 조정과 평가 :** 환경요인은 이러한 의사결정과정에 끊임없이 영향을 미치게 되어 처음에 제시되었던 문제점과 달성목표를 자주 조정하지 않으면 안 되게 한다. 이런 환경에 의한 변화를 의사결정과정에 계속적으로 반복(feedback) 시켜주는 것이 필요하다.

04
기도와 시너지 효과

한 남자가 매일 직장에 나가서 일을 하면서 가족을 부양하는 책임에 진절머리가 났습니다. 자기 아내는 하루 종일 집에서 편안하게 지낸다는 생각을 하니 억울한 생각까지 들기도 했습니다. 자기가 얼마나 고되게 일을 하는지 아내가 한번쯤 경험을 해봤으면 좋겠다고 생각이 들었습니다.

그래서 그는 기도를 했습니다.

> "주님, 저는 매일 직장에 나가 8시간 동안 허리가 부러지게 일을 합니다. 제 아내는 하루 종일 집에서 편하게 지냅니다. 제가 얼마나 힘들게 일을 하는지 제 아내가 한번 경험을 해봤으면 좋겠습니다. 주님, 우리 두 사람의 몸을 바꿔주시기 간절히 원합니다."

무한한 지혜를 가지신 하나님이 그의 소원을 들어 주셨습니다. 다음 날 아침에 그는 여자의 몸으로 눈을 떴습니다. 그는 일어나서 배우자를 위한 아침식사를 준비했습니다. 그 후 아이들을 깨웠습니다. 아이들이 학교에 입고 갈 옷을 챙겼고 아침을 먹인 후 도시락을 준비했습니다. 등교할 준비가 된 아이들을 학교에 태워다 준 후 집으로 돌아왔습니다. 그 후 세탁소에 옷을 맡기고, 전기료랑 수도요금을 내기 위하여 은행에 가서 필요한 돈도 인출하고,

식료품점에 가서 가족들이 먹을 음식 재료를 사서 집으로 돌아온 후에 식료품을 냉장고와 찬장에 정리해서 저장을 하고 집안 청소를 했습니다. 고양이와 개가 어질러 놓은 오물까지 청소를 다 하고 보니 벌써 오후 2시가 되었습니다. 그는 부지런히 침대를 정리하고 빨래랑 청소도 마쳤습니다.

그런 후에 부랴부랴 학교에 가서 아이들을 데려오기도 했습니다. 돌아오는 차 안에서 아이들끼리 말다툼을 하여 착한 어머니답게 그는 아이들의 언쟁을 중재하여 경우 진정시키기도 하였습니다. 집에 돌아온 후에 배고프다는 아이들에게 쿠키와 우유를 주었습니다. 아이들에게 숙제를 하라고 시켜놓고 자기는 빨래를 다렸습니다. 다리미질을 하는 동안 잠시 TV를 켜 놓고 낮에 하는 프로그램을 보았습니다. 다리미질을 마치고 시계를 보니 벌써 오후 4시 반이었습니다.

다시 그는 샐러드를 만들기 위해서 감자의 껍질을 벗겼고 야채를 씻었습니다. 저녁 식사를 준비하기 위해서였습니다. 저녁 식사를 마친 후 그는 부엌 정리를 했고 빨래를 갰으며 아이들에게 목욕을 시킨 후 잠자리에 들게 했습니다. 시계는 이미 오후 9시를 가리키고 있었습니다. 집안 정리가 다 끝나지 않은 기분이었지만 배우자가 잠자리에 들자고 하여 잠자리에 들었습니다. 친밀한 침실행위를 배우자가 원하기에 순순히 응해 주기도 하였습니다. 그래도 하루 종일 불평을 하지 않고 전업주부 역할을 괜찮게 했다고 생각을 했습니다.

다음날 아침에 그는 조용히 무릎을 꿇고 다시 기도를 했습니다.

"주님, 제 생각이 틀렸었음을 알았습니다. 집에서 전업주부였던 아내를 부러워한 것은 저의 잘못이었습니다. 이제 다시 우리 몸을 전과 같이 되돌려주십시오."

그런 기도를 들으신 하나님이 인자하게 말씀을 하셨습니다.

"네가 착하게 살고 있으니 네 소원을 들어 주겠노라. 그렇지만 너는 9개월을 기다려야 하느니라. 이제 밤에 너는 임신을 했기 때문이로다."

사람들은 보통 혼자서 살아가는 것보다는 두 사람이 서로의 힘을 합쳐 보다 행복한 삶을 추구하기 위하여 결혼을 하고, 아이도 낳아 결혼은 곧 행복의 보금자리가 된다. 그러나 경우에 따라서는 본래의 의도와는 달리 차라리 결혼하지 않고 혼자 살아가는 것보다 못한 경우에 부부는 이혼을 하게 되고, 이들의 결혼으로 야기된 자녀들은 이들로 인하여 불행한 현실을 맞이하게 된다. 이처럼 두 가지 이상의 요소들이 결합하여 보다 큰 힘을 발휘하는 상승작용을 시너지 효과(Synergy Effect, 상승효과)라 한다.

부부가 만나서 자녀를 얻는 것은 대표적인 시너지 효과로, 원래 이 용어는 우리 인체의 근육, 뼈, 신경 등이 결합되어 새로운 힘을 발휘한다는 의미로 사용되었다. 앞의 경우에서 보는 것처럼 부부의 만남이 행복한 삶으로 이어지는 긍정적인 시너지 효과(Positive Synergy Effect)가 있는가 하면, 만남이 오히려 역효과를 가져오는 부정적인 시너지 효과(Negative Synergy Effect)도 있다.

이 개념은 기업경영에서 기존의 유통경로, 판매조직, 상표, 기술, 경영관리, 광고, 인지도, 생산시설 등의 경영자원을 공유하여 유사한 사업으로 다각화할 때, 처음부터 모든 투자를 새롭게 시작하는 것보다는 시너지 효과가 증대되어 빨리 경쟁력을 확보할 수 있다.

기업에서 시너지 효과는 대략 다음 몇 가지로 생각할 수 있다.

첫째, 신제품과 기존제품이 마케팅활동을 하는 데 있어서 공통으로 사용할 수 있는 유통경로, 마케팅관리, 창고사용, 광고 노하우, 상표 등으로 생길 수 있는 마케팅 시너지이다.

둘째, 제조 간접부문의 인력과 생산시설의 공동이용에 따른 간접비의 분산이나 원재료의 일괄구매에 따른 가격할인 및 효과적인 품질관리 등의 생산 시너지이다.

셋째, 기존의 제품분야에서 보유하고 있는 제품의 연구개발이나 디자인, 또는 서비스기술 등이 신제품에 활용되는 기술 시너지가 있다.

넷째, 기업 전체적인 분야에서 이미 시장에서 경쟁자나 고객에 대한 여러 가지 경영관리 노하우가 새로운 제품이 시장에 출시될 때 효과적으로 활용되는 경영관리 시너지가 있다.

요즘처럼 기업이 다각화를 적극적으로 추진할 때 이러한 시너지 효과를 잘 이용하면, 기업 전체의 이익을 극대화하는 것은 물론이고, 기업체질도 개선할 수 있다. 뿐만 아니라 경쟁에서 유리한 지위를 차지하여, 성장전략을 수립하는 데도 큰 도움이 된다. 결국 조직 구성원의 공통적인 목표를 달성하기 위하여 이들의 노력이 시너지효과를 창조할 수 있도록 업무를 조정하고 조직을 관리하는 경영자는, 마치 오케스트라 단원들의 개인적인 능력을 조화시켜 관람객의 감흥을 자아내는 교향악단 지휘자(Conductor)와 같다고 할 수 있다.

05

퇴계 선생과 호손 실험

퇴계 선생의 맏아들이 21세의 젊은 나이로 일찍 세상을 하직하게 되면서 한창 젊은 나이의 맏며느리는 자식도 없는 과부가 되었다.

퇴계 선생은 홀로된 며느리가 걱정이었습니다.

'남편도 자식도 없는 젊은 며느리가 어떻게 긴 세월을 홀로 보낼까?'

그리고 혹여 무슨 일이 생기면, 자기 집이나 사돈집 모두에게 누(累)가 될 것이기에, 한밤중이 되면 자다가도 일어나 집안을 순찰하곤 했습니다. 어느 날 밤, 집안을 둘러보던 퇴계 선생은 며느리의 방으로부터 '소곤소곤' 이야기하는 소리가 새어나오는 것을 듣게 되었습니다. 순간 퇴계 선생은 마음이 얼어붙는 것 같았습니다. 점잖은 선비로서는 차마 할 수 없는 일이지만 며느리의 방을 엿보지 않을 수 없었습니다. 그런데 젊은 며느리가 술상을 차려놓고 짚으로 만든 선비모양의 인형과 마주앉아 있는 것이었습니다. 인형은 바로 남편의 모습이었다.

인형 앞에 잔에 술을 가득 채운 며느리는 말했습니다.

"여보, 한 잔 잡수세요."

그리고는 인형을 향해 한참 동안 이런저런 이야기를 하다가 흐느끼기 시작하는 것이었다.

남편 인형을 만들어 대화를 나누는 며느리…….
한밤중에 잠 못 이루고 흐느끼는 며느리…….

퇴계 선생은 생각했습니다.

'윤리는 무엇이고 도덕은 무엇이냐? 젊은 저 아이를 수절시켜야 하다니…….

저 아이를 윤리 도덕의 관습으로 묶어 수절시키는 것은 너무도 가혹하다, 인간의 고통을 몰라주는 이 짓이야말로 윤리도 아니고 도덕도 아니다. 여기에 인간이 구속되어서는 안된다. 저 아이를 자유롭게 풀어주어야 한다.'

이튿날 퇴계 선생은 사돈을 불러 결론만 말했습니다.

"자네, 딸을 데려가게."
"내 딸이 무엇을 잘못했는가?"
"잘못한 것 없네. 무조건 데려가게."

친구이면서 사돈관계였던 두 사람이기에 서로가 서로의 마음을 이해하지 못할 까닭이 없었습니다. 그러나 딸을 데리고 가면 두 사람의 친구 사이마저 절연하는 것이기 때문에 퇴계 선생의 사돈도 쉽게 받아들이려 하지 않았습니다.

"안되네. 양반 가문에서 이 무슨 일인가?"

"나는 할 말이 없네. 자네 딸이 내 며느리로서는 참으로 부족함이 없는 아이지만 어쩔 수 없네. 데리고 가게."

이렇게 퇴계 선생은 사돈과 절연하고 며느리를 보냈습니다.

몇 년 후, 퇴계 선생은 한양으로 올라가다가 조용하고 평화스러운 동네를 지나가게 되었습니다. 마침 날이 저물기 시작했으므로 한 집을 택하여 하룻밤을 머물렀습니다. 그런데 저녁상을 받아보니 반찬 하나하나가 퇴계 선생이 좋아하는 것뿐이었습니다. 더욱이 간까지 선생의 입맛에 딱 맞아 아주 맛있게 먹었습니다.

'이 집 주인도 나와 입맛이 비슷한가 보다.'

이튿날 아침상도 마찬가지였습니다. 반찬의 종류는 어제 저녁과 달랐지만 여전히 입맛에 딱 맞는 음식들만 올라온 것입니다.

'나의 식성을 잘 아는 사람이 없다면 어떻게 이토록 음식들이 입에 맞을까? 혹시 며느리가 이 집에 사는 것은 아닐까?'

그리고 퇴계 선생이 아침 식사를 마치고 막 떠나가려는데 집주인이 버선 두 켤레를 가지고 와서

'한양 가시는 길에 신으시라.'

며 주었습니다. 신어보니 퇴계 선생의 발에 꼭 맞았습니다.

'아! 며느리가 이 집에 와서 사는구나.'

퇴계 선생은 확신을 하게 되었습니다. 집안을 보나 주인의 마음씨를 보나 내 며느리가 고생은 하지 않고 살겠구나. 만나보고 싶

은 마음도 컸지만 짐작만 하며 대문을 나서는데 한 여인이 구석에 숨어 퇴계 선생을 지켜보고 있는 것이었습니다.

1900년대 초에 테일러(Taylor)의 혁신적인 과학적 관리법(Scientific Method) 이후, 기업에서는 인간관계의 중요성을 인식하여 록펠러 재단의 지원 하에 메이요(E. Mayo)와 연구팀은 시카고에 소재한 웨스턴전기회사의 호손공장에서 1924년부터 10년간에 걸쳐 작업환경이 근로자의 생산성에 미치는 영향을 알아보기 위한 실험을 하였다. 이는 작업환경의 조명상태, 소음, 습도 등을 양호하게 하면 근로자들의 생산성이 높아질 것이라는 가설을 증명하기 위하여 실시되었다. 실험결과는 예상대로 작업장의 밝기를 높였을 때 생산량이 증대되었다.

그런데 놀라운 사실은 작업장의 불빛을 달빛 정도로 어두워질 때까지도 실험집단의 생산량은 증가한 것이다. 연구자들은 이런 사실을 실험상 오류에 의한 결과로 생각하고 휴식시간이나 급료 등을 통하여 생산성에 관한 연구를 계속한 결과, 작업환경이나 금전적인 요인은 생산성에 큰 영향을 미치지는 않는다는 사실을 확인하였다. 호손공장의 조명실험에서 낮은 달빛에도 근로자들의 생산성이 높은 이유는 자신들의 행동 하나하나에 회사 측에서 대단한 관심을 보이고 있다는 사실을 알게 된 근로자들은 긍지를 가지고 평상시보다 더 열심히 일하였기 때문이다. 이전까지 근로자들의 태도는 자신들이 기계의 톱니바퀴라고 생각하던 것에서 회사의 중요한 문제를 해결하기 위한 중요한 팀 구성원 일원이라고 생각하면서 이들은 소속감이나 안정감을 찾고 잘해보자는 인식이 조직 내에 퍼지게 되었던 것이다.

이처럼 '근로자들은 특별한 관심을 받을 때, 작업조건에 상관없이 생산성이 높아질 수 있다는 것'을 '호손 효과(Hawthorne Effect)'라 한다.

메이요는 일련의 실험에 대한 결론으로,

첫째, 근로자들의 생산성과 심리적 요인은 관계가 깊다는 사실과,
둘째, 조직 내에는 마음에 맞는 주위의 동료들끼리 늘 가까이하며 자연발생적으로 형성되는 비공식집단(Informal Group)의 인간관계가 존재한다는 사실을 강조하였다.

이러한 사실의 발견은 인간을 하나의 생산수단으로만 간주하던 당시의 지배적인 사고방식에 인간관계의 중요성을 부각시키는 계기가 되었다는 점에서 호손 실험(Hawthorne Experiment)의 큰 공헌 점을 찾을 수 있다. 그리고 이런 실험 이후에 경영학에서는 개인의 심리나 욕구 및 집단행동에 관하여 많은 연구가 진행되었다.

06
피그말리온 효과

그리스 신화에 나오는 조각가 피그말리온(Pygmalion)이 아름다운 여인상을 조각하여 그 여인상을 진심으로 사랑하고, 아프로디테(로마신화의 비너스) 여신(女神)은 그의 사랑에 감동하여 여인상에게 생명을 주었다. 이처럼 피그말리온 효과는 타인의 기대나 관심으로 인하여 능률이 오르거나 결과가 좋아지는 현상으로서, 로젠탈 효과, 자성적 예언, 자기 충족적 예언이라고도 한다.

심리학에서는 타인이 나를 존중하고 나에게 기대하는 것이 있으면 기대에 부응하는 쪽으로 변하려고 노력하여 그렇게 된다는 것을 의미한다. 특히 교육심리학에서는 교사의 관심이 학생에게 긍정적인 영향을 미치는 심리적 요인이 된다는 것을 말한다. 1968년 하버드대학교 사회심리학과 교수인 로버트 로젠탈(Robert Rosenthal)과 미국에서 20년 이상 초등학교 교장을 지낸 레노어 제이콥슨(Lenore Jacobson)은 미국 샌프란시스코의 한 초등학교에서 전교생을 대상으로 지능검사를 한 후 검사 결과와 상관없이 무작위로 한 반에서 20% 정도의 학생을 뽑았다. 그 학생들의 명단을 교사에게 주면서 '지적 능력이나 학업성취의 향상 가능성이 높은 학생들'이라고 믿게 하였다. 8개월 후 이전과 같은 지능검사를 다시 실시하였는데, 그 결과 명단에 속한 학생들은 다른 학생들보다 평균 점수가 높게 나왔다. 뿐만 아니라 학교 성적도 크게 향상되었다. 명단에 오른 학생들에 대한 교사의 기대와 격려가 중요한 요인이었다.★

전 미국 대통령 클린턴이 손수 차를 운전하며 힐러리 여사와 교외로 드라이브를 즐겼다. 얼마 뒤 두 사람은 시골의 작은 주유소 앞을 지나쳤다.

그때 힐러리가 나지막이 말했다.

"저 주유소의 주인이 옛날 제 애인이었어요."

그러자 클린턴이 대수롭지 않다는 듯 대꾸했다.

"그 녀석과 결혼했더라면 지금쯤 당신은 별 볼 일없는 주유소 집 마누라가 되어 있겠군."

"무슨 소리예요! 만약 제가 그 사람과 결혼했다면 그가 대통령이 되었을 걸요."

★ 〈두산백과〉

기업에서 종업원 개인이 가지고 있는 능력이나 업무의 성과를 평가하는 제도를 인사고과(Performance Appraisal, Merit Rating)라 하는 데, 종업원이 자신의 적성이나 능력에 적합한 업무를 수행하여 성과를 제고할 뿐만 아니라 승진이나 임금의 결정에 합리적인 기준으로 삼아 직장생활에 만족하도록 유도하는 데 그 목적이 있다. 경기도 시화공단에 있는 「남성전선」은 인사고과를 사원 자신이 일의 이행상태, 근무태도, 근무능력을 스스로 평가하여 급여인상율도 자율적으로 결정하도록 하여 예상외의 좋은 성과를 올리고 있다고 한다.

그러나 자칫하면 이러한 본래의 취지가 종업원들을 예속하고, 최고경영자의 자의적인 평가에 따라 신분의 위협적인 수단으로 악용될 가능성이 있다. 인사고과를 합리적으로 실시하기 위해서는 고과의 목적에 합당한 평가요소 및 평가자의 선정, 고과방법의 객관성이 유지되어야 하고, 종업원을 통제하려는 목적보다는 이들의 개인적인 능력과 조직의 사기진작에 초점을 맞추어야 한다.

일반적으로 고과(考課)는 크게 평가자의 의견이 많이 반영되는 절대적인 평가방법과 미리 규정된 조직의 기준에 따라 구성원들의 우열을 판가름하는 상대적인 평가방법으로 나눌 수 있다. 그런데 흔히 고과를 위한 평가에는 많은 오류가 발생하게 되는 데, 일반적으로 많이 범하는 오류로는 다음과 같다.

- **후광효과(Halo Effect)**

현혹효과라고도 하는데, 대개 피평가자에 대하여 첫 인상이 좋으면 전체적으로 후한 평가를 내리게 되는 오류를 말한다. 요즈음 치열해지는 입사면접을 위하여 종종 남자들도 성형수술을 한다는 보도는 이런 효과를 기대하기 때문이라 생각된다.

• 중심화 경향(Tendency of Centralization)

한국적인 전통이나 정서에서 매일 얼굴을 마주하게 되는 경우에 피평가자들을 원칙에 따라 극단적으로 좋게 또는 나쁘게 평가하기보다는 대체적으로 중간적인 평가를 하게 되는 오류를 말한다.

• 관대화 경향(Tendency of Leniency)

동양적인 미덕의 하나로 생각하여 피평가자를 가급적이면 좋게 평가하는 오류를 말한다. 특히, 피평가자를 잘 모르는 경우에는 이런 경향이 많이 나타난다.

• 논리적 오류(Logical Error)

평가요소 간에 논리적인 상관관계가 있을 경우에 이중 어느 하나가 우수하면 다른 요소도 높다고 속단하는 오류를 말한다. 예를 들면, 기억력이 좋으면 지식도 광범할 것이라든가 근면한 사람은 작업량도 많을 것이라는 생각이다.

• 대비 오류(Contrast Error)

평가자가 자기의 기준으로 피평가자의 능력을 평가하는 오류를 말한다. 예를 들면, 평가자가 꼼꼼하고 착실하면 피평가자는 상대적으로 불성실하게 느껴지게 된다.

• 주관의 객관화(Projection)

평가자 자신의 감정이나 경향을 피평가자의 능력을 평가하는 데 귀속시키거나 전가하는 오류를 말한다. 예를 들면, 정직하지 못한 사람이 남을 의심하거나 부정직한 의도가 있는 것으로 지각하는 경우이다. 가끔 이런 오류는 피평가자의 여러 가지 능력을 올바로 평가하지 못하게 한다.

• 상동적 태도(Stereotyping)

학벌이나 출신 또는 외모 등에 대한 경직적인 편견으로 피평가자의 능력을 평가하는 오류를 말한다. 예를 들면, 좋은 대학을 졸업한 사람은 성적에 관계없이 우수한 사람으로 판단하거나 미인은 콧대가 높을 것이라는 생각이다.

07
핫바지 사장과 리더십

새로 부임한 회사의 사장이 사내(社內) 시찰을 했습니다. 핫바지 사장이라는 말을 듣지 않기 위하여 사장의 단호한 일면을 보여주려고 그런 기회를 찾고 있었습니다. 새로 부임을 한 사장이 시찰을 나간다는 소문은 회사 내에 쫙 퍼져서 사원들은 평소보다 더 열심히 일을 하는 모습을 보였습니다. 너무도 열심히 일을 하는 사원들의 모습을 보면서 한편으로는 만족을 하면서도 자신의 강한 리더십을 행사할 기회가 없어서 약간 실망을 하기도 했습니다. 그렇게 회사 내를 여기 저기 둘러보고 있던 중에 한 청년이 일은 하지 않고 벽에 기대어 빈둥빈둥 공장 안을 쳐다보고 있었습니다.

'옳거니, 이제 드디어 내가 얼마나 무서운 사장인줄을 보여줄 기회를 잡았구나!'

라고 생각을 하면서 벽에 기대어 서있는 청년에게 다가갔습니다.

"자네 이름이 뭔가?"

라고 엄하게 사장이 물었습니다.

"다니엘 입니다."

라고 대답을 하자,

"자네는 얼마의 주급을 받고 일을 하나?"

라고 더욱 엄한 어조로 물었습니다.

"저는 일주일에 500달러를 받습니다."

그 말이 떨어지기 바쁘게 사장은 지갑을 꺼내서 1,000달러의 현찰을 그 청년에게 주었습니다.

"이건 자네의 2주 봉급일세. 2주의 봉급을 줄 테니 당장 회사를 떠나게!"

라고 호통을 쳤습니다.

1,000달러를 받은 청년은 고맙다고 말하고 즉시로 회사를 떠났습니다. 그 청년이 회사를 나간 후에 새로 부임한 사장은 옆에서 일하는 사원에게 지금 떠난 그 청년이 무슨 부서에서 어떤 일을 하는 사람이냐고 물었습니다. 질문을 받은 사원은 믿기 어렵다는 모습을 지으면서 대답을 했습니다.

"사장님, 그 청년은 우리 회사의 직원이 아닙니다. 그는 피자 배달을 하러 온 사람입니다요."

라고 했다 합니다. 공연히 속단을 한 그 사장은 순간적으로 바보가 된 것입니다.

항해에서 목표한 지점까지 무사히 도착하기 위해서는 선박의 크기나 성능도 중요하지만 무엇보다도 선장의 항해술이 크게 좌우한다. 마찬가지로 조직에서 리더의 능력은 목표달성이나 성과제고에 매우 중요한 요인이다. 1970년대 이후에는 리더십은 조직의 상황에 맞는 리더의 행동뿐만 아니라 조직의 주변 상황, 즉 리더와 부하간의 관계, 과업의 성격, 집단의 구조, 동기부여 요인들에 따라 그 유효성은 달라진다는 상황이론이 대두되었다. 이러한 많은 견해를 종합해보면, 리더십이란 조직의 목적을 달성하기 위하여 구성원이 과업을 달성할 수 있도록 영향력을 행사하는 과정으로 정의된다.

리더십이 효과적으로 이루어지기 위해서는 리더들이 가져할 자질과 능력이 많은 데, 주요한 것들을 살펴보면 다음 그림과 같다.

그림 | Core Leadership Skills

1. 영향력(Empowerment)

먼저 조직의 목표를 달성하기 위해서 리더가 힘을 가져야 한다. 이 힘은 부하들이 목표설정과 달성에 적극적으로 참여하며, 리더의 조언이나 결과에 대한 평가(feedback) 또는 지시를 부하들이 실천하여 성과를 높일 수 있도록 하는 영향력을 말한다. 프렌치와 레이번(J. French & B. Raven)에 의하면 힘의 원천에는 크게 5가지 유형이 있다.

첫째로 조직구조에서 공식적인 지위에 의하여 생기는 합법적인 힘(Legitimate Power)으로 리더의 능력에 불문하고 생길 수 있다. 무능한 직장 상사도 조직도에서 규정하고 있는 지위에 의하여 합법적인 힘을 가질 수 있다.

둘째로 부하에게 보상할 수 있는 능력에서 생기는 보상적인 힘(Reward Power)으로 반대급부를 제공할 수 있는 역량에 따라 부하들이 많이 따르게 되며, 대개 보스기질이 있는 리더에게서 많이 볼 수 있다.

셋째로 처벌이나 감봉 또는 강등이나 해고 등의 위협을 통하여 생기는 강제적인 힘(Coercive Power)으로, 가끔 직장에서 상사가 여직원에게 여러 형태의 협박을 통하여 성희롱하는 것은 리더가 이러한 강제적인 힘을 악용하는 경우라 하겠다.

넷째로 부하가 리더의 인간적인 매력이나 호감으로 좋아하거나 존경함으로써 리더가 행사할 수 있는 준거적인 힘(Referent Power)이다. 예를 들면, 많은 청소년들이 유명 연예인에 열광함으로써 이들의 영향력인 준거적인 힘이 생기고, 기업은 이들의 준거적인 힘을 광고로 활용하기도 한다.

다섯째로 리더의 전문적인 지식이나 능력에서 발생하게 되는 전문가적 힘(Expert Power)이다. 대학에서 훌륭한 강의와 해박한 지식으로 강의하는 교수는 학생들에게 많은 인기와 존경으로 학생들에게 미치는 영향력이 큰 것은 하나의 예라 할 수 있다.

2. 가치의 일치(Value Congruence)

리더는 조직의 목표와 구성원의 가치가 일치할 수 있도록 이해시키는 능력이 필요하다. 기업들이 과거 신입사원을 필기시험 성적을 중심으로 선발하다 보니 이직률이 높아져, 기업들은 선발방법을 일정한 기간을 통하여 개인과 조직 간에 가치관이 일치하는 사람만 선발하는 인턴십제도로 바꾸고 있다.

3. 비전(Vision) 제시

앞으로 조직이 달라지고 나아질 수 있는 방법과 전망을 제시할 수 있는 능력이 있어야 한다. 기업이 장기계획이나 앞으로의 전망을 예측하기 위하여 많은 구성원을 참여시킴으로써 비전이 달성되기 쉽다. 요즘 우리 기업들은 21세기 초일류기업이 되겠다는 비전을 많이 제시하고 있지만, 너무 추상적인 것보다는 보다 구체적으로 언제까지 어떤 산업에서 어떤 위치에 도달하겠다는 것이 보다 구성원들을 동참시킬 수 있는 비전이라 생각된다. 유럽 국가들의 통합을 「EU 1997」은 하나의 좋은 예라 할 수 있다.

4. 직관력(Intuition)

리더는 환경의 변화를 예측하고, 순간적으로 상황판단하며, 위험을 감수하는 의사결정을 내릴 수 있는 능력이 있어야 한다. 시장에서 유행이 변할 것이나, 소비자들의 기호가 어떻게 변할 것인가, 생산시설의 증설, 경쟁사들의 출현 예상이나, 신제품의 마케팅 정책, 내년의 경기변화에 따라 산업에서 받게 될 영향들은 기업의 리더들에게 직관적인 판단을 요하는 문제들이다. 1980년대 초 삼성이 반도체산업에 뛰어든 것은 당시 미래에 대한 리더의 정확한 판단력이라 할 수 있다.

5. 자신을 이해(Self-Understanding)

리더는 자신의 강점과 약점을 잘 알고 있어야 한다. 자신이 과거의 성공에 따라 너무 과신을 하거나 부하들을 무시하는 행동은 조직을 효과적으로 이끌어가는 데 큰 걸림돌이 된다.

끝으로 FED社사의 Miller는 성공적인 리더십을 위해서는 리더와 부하 간에 상호 신뢰가 필요하고, 리더는 명확한 지식을 바탕으로 의사결정을 할 수 있어야 하며, 끝으로 부하들이 마음 놓고 업무를 추진할 수 있도록 실패하는 데 따른 위험부담을 덜어줄 수 있어야 한다고 주장한다. 이럼으로써 부하는 도전적이고 창의적인 노력을 경주할 수 있다는 것이다.

이방실 기업가정신 센터장은 오늘날 치열할 글로벌 경쟁 속에 저성장 · 고실업 등 위기에 직면한 한국 경제의 돌파구로 '창조경제'가 화두로 등장하는 마당에서 선행 조건으로 '실패를 용인하는 문화'의 구축을 지적하고 있다. 즉, 창의성을 발현시키고 혁신을 이끌어내기 위해 실패에 대해 너그러워져야 한다는 것이다. 그런데 여기서 중요한 것은 오늘의 실패를 통해 내일의 성공을 위한 교훈을 얻을 수 있어야 한다는 점이다. 더 나은 미래를 위해 도움이 되지 않는 실패는 바람직하지 않다.

격려와 독려의 대상이 돼야 하는 건 바로 '똑똑한 실패(intelligent failure)'다. 듀크대 푸쿠아 경영대학원 교수 심 싯킨(Sim Sitkin)은 기존 사업과 너무 친숙하지도, 전혀 상관없지도 않은 영역에서 적정 규모의 투자와 치밀한 사전 계획 하에 다양한 시도를 하고 불확실한 상황 변화에 민첩하게 대응했음에도 불구하고 당초 기대했던 목표를 달성하지 못했을 때를 똑똑한 실패라고 규정했다. 베른트 크릭스만(Bernd Kriegsmann) 독일 응용과학대 교수도 혁신을 목적으로 리스크를 계산해가며 기존 관행과 루틴을 벗어난 과감한 시도를 했지만 원하는 결과를 얻지 못한 경우에 생기는 '창조적 실수(creative errors)'에 대한 관용을 제기한다. 또 에이미 에드먼슨(Amy Edmondson) 하버드비즈니스스쿨 교수는 지식기반을 넓히고 가능성을 탐구하기 위한 실험을 실시했지만 예상치 못한 결과를 초래한 '탐구적 검증(exploratory testing)' 활동은 오히려 칭찬받아 마땅하다고 강조한다.

실제로 P&G, IDEO, BMW, 3M, 혼다 등 글로벌 혁신 기업들은 일찍부터 '실패상(賞)'을 시상하거나 '실패파티'를 여는 방식으로 실패를 내일의 희망으로 생각하는 분위기, 실패를 오히려 축하하는 문화

08
청어와 SWOT

유럽의 북쪽 바다에서 청어 잡이를 하는 어부들의 가장 큰 고민은 어떻게 하면 먼 거리의 런던까지 청어를 싱싱하게 살려서 운반하는가의 문제인데, 어부들이 아무리 노력해도 배가 런던에 도착해 보면 청어들은 거의 다 죽어 있었다. 그러나 꼭 한 어부의 청어만은 싱싱하게 산채로 있는 것이었다. 이상히 여긴 동료 어부들이 그 이유를 물어 보았으나 그 어부는 그 비밀을 잘 가르쳐 주지 않았다.

마침내 동료들의 강요에 못이긴 어부가 입을 열었다.

"나는 청어를 넣은 통에 메기를 한 마리씩 집어넣습니다."

그러자 동료 어부들이 놀라 물었다.

"그러면 메기가 청어를 잡아먹지 않습니까?"

어부는 말했다.

"네, 메기가 청어를 잡아먹습니다. 그러나 메기는 청어를 2~3 마리밖에 못 잡아먹지요. 하지만 그 통 안에 있는 수백 마리의 청어들은 잡혀 먹히지 않으려고 계속 도망쳐 다녀 런던에 올 때까지 모든 청어들은 살기 위해 열심히 헤엄치고 도망 다니다 보니 런던에 도착해서도 청어들은 여전히 싱싱하게 살아 있답니다."

메기로부터 살아나기 위한 몸부림이 결국 청어들을 건강하게 살아있게 한 것이다.

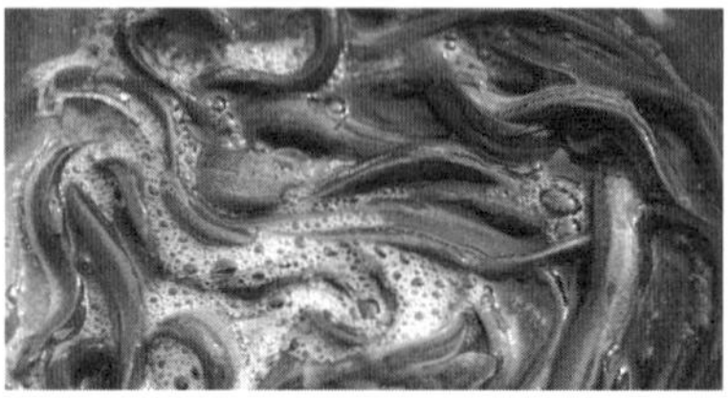

손자병법 중에서, 「知彼知己 百戰不殆, 不知彼知己而 一勝一負, 不知彼不知己 每戰必敗 지피지기 백전불태, 부지피지기이 일승일부, 부지피부지기 매전필패」란 구절이 있다. 이는, 상대편의 장점과 약점을 잘 알고, 자신의 능력과 한계를 잘 알아 전략을 세우면 백번 싸워도 절대 지지 않는다. 그러나 적과 싸울 때, 상대편은 잘 알지 못하고 자신의 실력만 알고 전략을 펴게 되면 한번 이기고 한번 질 수 있다. 마지막으로 상대편의 실력도 모르고 자신의 능력도 모르는 상태에서 전쟁을 치르게 되면 매번 패하게 된다.

이처럼 기업도 경쟁자를 포함한 경영환경을 위협요인(Threats)이나 기회요인(Opportunities)로 분석하고, 조직의 내부적인 능력을 강점(Strengths)과 약점(Weaknesses)으로 파악하여 강점을 최대한 이용하고 약점을 보완할 수 있는 전략을 수립하게 된다. 그림에서 보는 이러한 분석의 틀을 'SWOT 분석' 한다.

조직 내부의 강점과 약점은 경쟁사와의 비교를 통하여 분석될 수 있고, 이러한 분석은 목표와 관련하여 생각될 수 있다. 이러한 평가요인으로는 경쟁적 우위, 인력 수준, 기술적 능력, 재무능력, 주요 경영자들의 경영능력과 신념 등이다. 최근 우리 기업들에게 닥친 중국 투자는 기회요인이 될 것인가 또는 위협요인이 될 것인가?

그림 | SWOT 분석

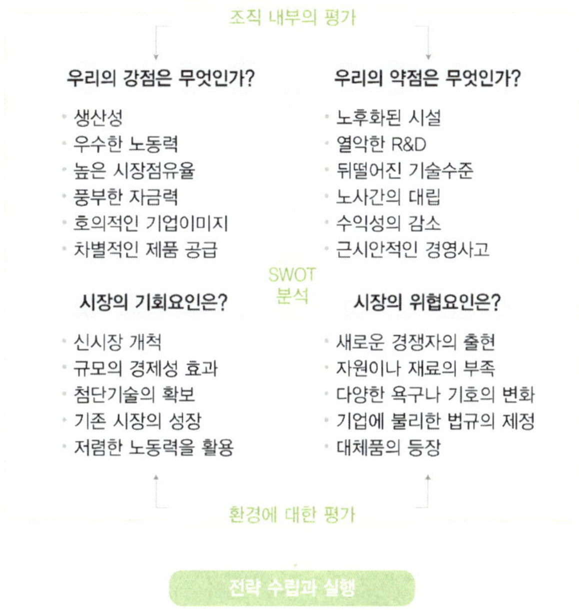

주요한 외부환경 요인으로는 원유 및 원자재 가격의 변화, 환율 및 이자율 변화, 블록경제(FTA)의 강화, 국제금융의 흐름, 환경보존 등 국제환경과 정부, 근로자, 소비자의 동향, 법적 규제의 강화 등을 들 수 있다.

09
햄버거와 단골고객

미국 동부의 명문대학에 다니는 아들이 방학이 되어 서부에서 햄버거 가게를 하고 있는 아버지를 도와주고 있었다.

아들이 아버지에게,

"아버지, 지금 우리나라는 경제가 매우 불황인데 잘 알고 계시죠?"

듣고 있던 아버지는,

"글쎄, 지금까지 나는 별로 못 느끼고 있는데."

아들은 다시,

"아버지, 지금 많은 기업들은 불경기라 굉장히 어려워하고 있습니다."

이 말을 들은 아버지는 그날 저녁 내내 고민을 하였습니다.

"정말 나 혼자만 불경기를 모르고 있는 것이 아닐까. 그래도 우리 아들이 미국 동부의 명문대학에 다니는 데……."

다음 날부터 아버지는 불경기에 대비하여 햄버거 빵을 작게 만들고 고기의 양도 줄여서 햄버거를 팔았습니다. 그러자 지금까지

이 가게에서 햄버거를 사 먹던 단골고객들은 점차 양이 줄어든 것을 알고 발길을 돌리게 되었습니다. 이렇게 2~3개월이 지나자 매출은 절반 이하로 떨어지게 되었습니다.

이때 아버지는 속으로,

'과연 우리 아들이 이야기 한 불경기가 우리 가게에도 불어 닥치는구나.'

라고 생각하였답니다.

단골고객(Loyal Customer)은 자주 이용하거나 다량 구입하는 고객으로서, 이들의 구매 특성을 파악하여 장기적으로 호의적인 관계를 유지하여 수익성을 높이게 된다. 즉, 파레토(V. Pareto)의 원리인 '기업의 매출액 80%는 20%의 고객으로부터 나온다.'를 활용한 것이다. 지속적인 경영 활동을 위하여 단골고객은 누구이며, 어떻게 단골고객이 되었는지를 살펴보는 것은 중요한 일이다. 특히 불황기나 경쟁이 치열해지는 상황에서는 단골고객을 관리하는 기법이 주목을 끌고 있다. 핵심은 단골고객을 집중 관리해야 기업의 이익이 극대화 할 수 있다는 것이다.

'베인 & 컴퍼니'는 1990년~2000년의 10년간 서로 다른 30여개 산업군을 대상으로 연구한 결과, 단골고객에 대하여 흥미로운 사실을 발견하였다.

첫째, 단골고객은 총 고객의 15~20% 정도이며, 기업 이익의 70~80%가 이들 단골고객으로부터 나온다.

둘째, 기회비용을 포함해서 신규고객을 확보하는 데 드는 총 비용은 기존고객에게 상품을 판매할 때 드는 비용보다 5배 이상 높으며 일부 산업은 10배 이상 높다. 즉, 단골 고객 1명을 관리하기 위해서 1명의 영업사원이 필요하다면, 신규 고객을 1명 얻기 위해서는 5명의 영업사원이 필요하다는 뜻이다.

셋째, 애프터서비스(A/S)와 서비스센터 운영비용의 대부분이 수익성이 낮은 고객 때문에 발생한다. 즉, 단골고객이 많으면 많을수록 A/S 비용이 적게 든다는 것이다. 홈쇼핑의 경우에, 업체의 가장 큰 비용은 반품 서비스에 소요되는 비용인데, 반품을 가장 많이 하는 고객은 바로 '1회성' 고객이라는 것이다.

그렇다면 단골고객을 제대로 관리하기 위해서 최고경영자(CEO)가 실천할 수 있는 5가지 방안을 소개한다.*

1. 단골고객 전담 조직을 구성한다.

단골은 모든 기업에게 가장 중요한 고객군이므로 적극적으로 관리해야 한다.

단골고객 관리 전담조직은 CEO에게 직접 보고해야 한다. 항공사의 경우, CEO와 임원의 중요한 업무 중 하나가 단골고객과 함께 저녁식사를 하며 고객의 의견을 듣는 일이다.

2. 단골 고객을 파악하고 세분화한다.

많은 사람들이 단골고객을 VIP고객과 동일시하는데 반드시 그렇지는 않다. 예를 들어, 은행의 VIP고객은 한 번 오면 거액의 돈

★ 동아일보 2002. 9.12

을 입금하지만, 막상 은행에는 1년에 1~2번 들러 기본적인 입출금 서비스만 이용하는 것이 고작일 수 있다.

반면에 어떤 고객은 입금액은 크지 않지만 수시로 은행을 방문하여 은행의 수익을 올려주는 거래를 자주 한다. 이런 고객은 VIP 고객은 아니지만, 은행의 수익 창출에 중요한 단골고객이다.

3. 직원의 충성심을 높인다.

대체로 회사에 애사심이 높고 충성스러운 직원이 늘어날수록 단골고객이 많아진다고 한다. 따라서 회사의 경영방식과 문화에 대한 공감도를 높여 직원들의 충성도를 높일 수 있도록 한다.

4. 기존고객의 유지 여부를 점검한다.

고객만족이 중요한 이슈이지만, 이제는 단순히 고객을 만족시키는 것만으로는 부족하다. 만족한 고객을 계속 자사(自社)의 고객으로 남을 수 있도록, 즉 고객유지가 궁극적인 목표가 되어야 한다.

5. 단골고객을 유지하면 인센티브를 준다.

영업사원은 판매수당을 받기 때문에 신규고객 확보에 더 신경을 쓰게 된다. 그러므로 단골고객 유지를 하는 영업사원에게는 보너스를 받을 수 있는 제도를 만들어 기존고객에 대한 서비스를 강화해야 한다. 단골고객의 중요성은 장사를 해본 사람이라면 누구나 알고 있는 상식이다. 하지만 단골고객의 중요성을 진정으로 이해하고 체계적으로 관리하는 기업은 드물다. 단골고객 관리에 성공하는 소수의 기업이 결국 웃는다.

10
미모와 매출

콜라는 섭씨 25도가 넘으면 매출이 급증하고 1도가 오를 때마다 15%의 판매량이 늘며, 섭씨 26도가 되면 벌레가 늘어 살충제가 팔리기 시작한다. 그리고 미모가 뛰어난 여점원과 잘 생긴 남직원이 근무하는 편의점의 매출이 약 10% 높지만, 슈퍼마켓의 경우 30-50대의 주고객은 미모가 빼어난 여직원이 근무하면 주부들의 질투심을 불러 일으켜 오히려 발길이 줄어든다고 한다.

또 햄버거 빵의 두께는 1.7Cm이고, 빵과 빵 사이의 고기다짐 패치는 1Cm이며, 빵과 고기 패치의 총 두께는 4.4Cm로, 보통 사람이 입을 벌렸을 때 5Cm에 알맞게 하기 위해서라고 한다. 이때 먹는 사람은 행복감을 느낀다는 것이다. 그리고 카운터의 높이는 77Cm로 일반 성인 소비자가 주저하지 않고 편안하게 지갑을 꺼낼 수 있는 높이라고 한다. 고객이 주문하면 무조건 '감사합니다!'라고 말하며, 3초 이내에 '콜라도 드시겠습니까?'라고 말한다. '감사합니다!' 라는 한마디의 최면효과는 3초 정도라는 것인데, 5초가 지나면 콜라를 추가로 주문할 확률이 50% 이하로 떨어진다는 것이다.

대형 소매점들의 유통혈전에서 살아남기 위해서는 우수한 제품을 생산하는 제조업체의 동반과 유통정보의 체계화 및 다양해지고 빠르게 변화하는 소비자의 심리나 구매행위에 대한 정확한 분석이 필요하다. 이를 위한 구매자의 소비패턴에 따라 신제품을 포함한 혁신 제품을 채택하는 속도에 따라 채택자 카테고리(adopter categories)로 나누게 된다. 이들의 특성은 다음과 같다.

그림 | 채택자 카테고리

혁신자(innovators) 시장구성원 2.5% 모험적이고 새로운 경험을 선호

조기채택자(Early Adopters) 시장구성원 13.5% 의견선도자(Opinion Leader)

조기다수자(Early Majority) 전체 시장 34%의 비중. 실용적인 측면을 강조

후기다수자(Late Majority) 전체 시장 34%의 비중. 보수적인 성향

지각수용자(Laggards) 전체 시장 16%의 비중. 전통 지향적인 성향

1. 혁신자(Innovators)

혁신자는 신제품을 맨 먼저 받아들이는 시장구성원으로서 통상 2.5%를 차지한다. 이들의 특성은 모험적이고 새로운 경험을 선호한다. 신기술을 적극적으로 채택하는 이들은 제품의 실제 효용과는 관계없이 기술 자체에 대한 관심이 높다. 그래서 대체로 이들 중에는 기술자가 많다.

2. 조기채택자(Early Adopters)

혁신자들 다음으로 신제품을 채택하는 이들은 전체 시장에서 대략 13.5% 차지한다. 이들은 신기술로부터 얻을 수 있는 이익을 인정하고 이를 그들의 다른 관심에 연계시키며, 대체로 넓은 정보망,

높은 소득, 해박한 전문적인 지식 등을 통하여 이들의 의견은 많은 사람들 사이에 존중된다. 그리고 이들은 의견선도자(Opinion Leader)로서 지위를 유지하기 위하여 신제품을 비롯하여 혁신적인 상품을 먼저 구입하여 사용한 후 자기 의견과 영향력을 추종자에게 전달하지만 그렇다고 너무 빨리 새것을 받아들인다면 자칫 그 사회의 규범을 어길 가능성이 있기 때문에 혁신자에 앞서서 혁신 상품을 채택하지는 않는다. 이들은 특정 세분시장을 형성하는 데 중요한 역할을 한다.

3. 조기다수자(Early Majority)

전체 시장에서 약 34%를 차지하는 이들은 심사숙고하여 매사에 신중한 편으로 제품의 구매에는 무엇보다 실용적인 측면을 강조한다. 이들은 최신의 발명 상품들이 일시적인 유행으로 끝날 수도 있다고 보기 때문에 제품 구매 전에 다른 사람들이 이 제품을 어떻게 이용하는가를 관망하거나 이를 이용하는 데 도움이 되는 참조자료나 적용사례를 보고 싶어 한다.

4. 후기다수자(Late Majority)

이들은 조기다수자들과 달리 신제품을 구입하기로 최종 결정을 해놓고도 이런 제품을 다루는 자신의 능력에 대하여 불안하게 생각하고 자신감이 없는 특성을 가지고 있다. 이러한 이유로 이들은 신기술을 바탕으로 한 제품이 확고한 표준으로 자리 잡을 때까지 기다릴 뿐만 아니라 이런 제품을 구매한 후에도 많은 지원을 기대하거나 규모가 크고 기반이 든든한 회사의 제품을 선호하는 경향을 나타낸다. 따라서 이들은 대체로 보수적인 성향을 띠고 있는

데 전체시장에서 약 34%를 차지한다.

5. 지각수용자(Laggards)

전통 지향적인 성향을 가지고 있는 이들은 다분히 새로운 제품을 구매하는 데는 대단히 부정적이다. 이들은 개인적이거나 또는 경제적인 이유로 신기술을 바탕으로 한 제품에는 거의 관심이 없으며, 설사 이런 제품을 구입한다 하더라도 이때는 이미 신제품의 시기를 지나고, 제품의 필요성을 잘 모른다. 거의 선체시장에서 16%의 비중을 가지는 이 계층은 사회활동이나 정보수집 또는 소득수준이나 전문성에서 극히 낮은 수준에 있다고 하겠다.

11
마케팅 근시안

1983년 마쯔시다전기(松下電氣)의 가전사업 본부장이 사장실로 와서 다음과 같이 의기양양하게 보고를 하였다.

> "지난 상반기 동안 우리 회사의 매출이 20% 성장했습니다. 그러나 우리의 경쟁사인 A사나 B사는 오히려 10%씩 감소하였습니다."

그런데 야마시다 사장은 이를 듣고 나서 벌컥 화를 내었다. 이에 본부장은 너무 놀랐다. 그 이유는 경쟁사들은 이미 가전사업 분야가 포화상태에 이르러 더 이상 성장이 어렵다고 판단되어 가전사업에서 반도체사업, OA, FA 등으로 주력사업을 바꾸었기 때문에 매출액이 줄었던 것이다. 즉, 가전사업 본부장처럼 코앞에 닥친 일에만 신경을 쓰다가는 기술, 시장 환경의 변화에 대응하지 못하고 사양산업으로 처지게 된다는 사실을 사장은 잘 알고 있었기 때문이다. 즉, 단기적인 수익이나 시장점유율에 너무 매달리면 장기적인 전망을 예측하기 어렵게 된다.★

★ 이광현 교수, 〈경영자의 착각〉

어느 날 장자는 제자를 불러,

"내가 어제 밤 꿈에 나비가 되어 날개를 펄럭이며 꽃 사이를 즐겁게 날아 다녔는데, 너무도 기분이 좋아 내가 나인지도 잊어버렸다. 그러다 불현듯 꿈에서 깨었고, 나는 내가 아닌 것을 알았다. 그래, 생각하기를 아까 꿈에서 나비가 되었을 때는 내가 나인지도 몰랐고, 꿈에서 깨어보니 분명 나였다. 그렇다면 지금의 나는 정말 나인가? 아니면 나비가 꿈에서 내가 된 것인가? 지금의 나는 과연 진정한 나인가? 아니면 나비가 나로 변한 것인가?"

알쏭달쏭한 이야기를 들은 제자가,

"스승님, 스승님의 이야기는 실로 그럴듯하지만 너무나 크고 황당하여 현실 세계에서는 쓸모가 없습니다."

그러자 장자가,

"너는 쓸모 있음과 없음을 구분하는구나. 그러면 네가 서 있는 땅을 한번 내려다 보거라. 너에게 쓸모 있는 땅은 지금 네 발이 딛고 서 있는 발바닥 크기만큼의 땅이다. 그것을 제외한 나머지 땅을 없애 버린다면 과연 네가 얼마나 오랫동안 그 작은 땅위에 서 있을 수 있겠느냐?"

제자가 아무 말도 못하고 땅 끝만 내려다보고 있자 장자가 힘주어 말했다.

"너에게 정말 필요한 땅은 네가 디디고 있는 그 땅이 아니라 너를 떠받쳐 주고 있는, 바로 네가 쓸모없다고 여기는 나머지 부분이다."★

★ 〈좋은 생각〉

청주에 공장을 두고 고급도자기를 생산하던 『한국도자기』는 지난 1991년 『로제화장품』을 설립하면서 도자기와 화장품을 함께 판매하기 시작하였다. 얼핏 생각하면 고급식기와 화장품에는 어떤 관계가 있을까 하는 생각이 들 수 있다. 그러나 대부분의 여자들, 특히 주부들은 이 두 제품 간에는 '여성의 품격과 아름다움'을 나타내는 공통적인 요소를 별로 어색하지 않게 받아들이고 있다. 이러한 발상의 전환은 『한국도자기』가 처음부터 《여성의 아름다움과 품격을 창조하여 이를 판매하는 회사》라는 생각에서 출발하여 화장품에도 진출하였던 것이고, 이와 관련된 또 다른 사업에도 진출을 꾀하고 있다.

이 사례는 일반적으로 기업들이 처음에 출발한 사업영역에 매달려 품질향상만을 추구하여 동일한 사업 범위에서만 안주하다보면, 급변하는 시장환경이나 고객의 기호 또는 유행에 따라가지 못하고 서서히 쇠락해가는 과정을 묘사한 「마케팅 근시안(近視眼)」을 잘 극복한 경우이다.

원래 이 개념은 1961년 레비트(T. Levitt) 교수가 「마케팅 근시안(Marketing Myopia)」이라는 논문에서 《기술이 진보함에 따라 기업이 자신의 사업범위를 너무 좁게 규정하여 필연적인 사양화를 초래하게 된다》는 의미로 사용하였고, 미국 철도회사의 예를 들어 설명하였다. 그러므로 기업은 지속적인 성장을 하기 위해서는 제품의 특성에만 매달리지 말고 소비자의 필요나 욕구를 정확하게 파악하여 이에 걸맞은 성장전략의 수립이 필요하다고 지적한 이 논문은 지금까지도 많이 인용되고 있다.

19세기 말까지도 미국의 철도는 많은 투자자들의 선망의 대상이었고, 철도주식에 투자하면 누구나 돈을 벌 수 있는 것으로 생각하였다. 그리고 철도산업의 경제성, 스피드, 성장 잠재력에 있어서 어떤 다른 운송수단도 이와 비교할 수 없었다. 이처럼 거의 독점적인 이익을 누리던 철도회사들은 이후 승객과 화물수송의 수요가 증가함에도 불구하고 자신들을 운송업으로 보지 않고 철도 업으로만 국한시킴으로써, 자신의 고객들을 다른 승용차, 트럭, 항공기, 선박 등에 빼앗겼다.

결국 철도회사들이 이후 사양산업으로 전락한 가장 큰 이유가 자신의 사업영역을 장기적으로 내다보지 못하고 철도만이 대중 운송수단이라는 근시안에 빠졌다는 점과, 철도회사들이 소비자 지향적(Customer-Oriented)이 아니라 제품 지향적(Product-Oriented)이었다는 데도 문제가 있었기 때문이다.

'에너지원'이라는 넓은 생각없이 석유만을 고집하다가 천연가스의 등장으로 위축돼버린 미국의 석유회사들에서 보는 것처럼, 일반적으로 가만히 있어도 성장한다고 생각하는 기업은 얼마 지나지 않아 쇠퇴기를 맞이하게 된다. 망해가거나 망해버린 기업들은 지난날의 급성장한 역사에서 앞날의 쇠퇴를 예상하지 못하게 하는 근시안에서 비롯되었다.

이러한 근시안을 초래하는 요인으로는 다음의 4가지를 들 수 있다.

첫째, 인구가 증가하고 생활이 보다 풍요해짐에 따라 상품의 수요가 늘어남으로써 성장이 보장된다는 생각이다.

둘째, 자신이 속해있는 산업이나 제품시장에서는 경쟁적인 대체품이 생기기 어렵다는 자만심이다.

셋째, 철저하게 통제되고 과학적인 시장조사와 계량적인 품질개선에 의하여 생산된 제품을 지나치게 낙관하게 되는 생각이다.

넷째, 대량생산에 의한 생산단가의 절감은 제품의 경쟁력을 제고시킨다는 지나친 믿음이다.

12
'Tipping Point'와 제품수명

1950년 일본의 미야자키현(宮崎縣) 고지마(小島)라는 무인도에 원숭이들이 주로 고구마를 먹고 살았다. 원숭이들은 고구마를 뽑아 흙을 털어내고 먹었는데, 어느 날 한 살 반짜리 원숭이가 강물에 고구마를 씻어 먹기 시작하였다. 그러자 다른 원숭이들도 하나 둘 흉내내기 시작하였고, 고구마를 씻어 먹는 행위가 새로운 행동양식으로 정착되었다. 그런데 놀라운 사실은 고지마섬 이외 지역의 원숭이들 사이에서도 똑같은 행위가 동시다발적으로 나타났다는 것이다. 서로의 접촉이나 의사소통도 할 수 없는 상황에서 마치 신호를 보내기라도 한 것처럼 정보가 흘러갔다는 것이다.

많은 연구 결과, 종족에 도움이 되는 어떤 발전이 일어나면 그것이 무리 전체에 퍼지는 데, 그 퍼진 수가 100마리가 되면 거리나 공간에 관계없이 모든 종족에 퍼진다는 것이다. 이 현상을 《100마리째 원숭이 현상》이라고 하며, 이 학설은 원숭이뿐만 아니라 인간을 포함한 포유류나 조류, 곤충류 등에서도 나타나는 현상으로 세상의 가치관이나 구조는 '깨달은 10%의 사람'에 의해 바뀐다고 한다.

그래서 먼저 10%의 사람이 깨닫게 되면 사회가 바뀌고, 10%의 나라가 바뀌면 세계가 바뀐다고 합니다. 이같이 처음에는 미미하게 진행되다가 어느 시점에 '탁'하고 터지는 순간을 'Tipping Point'라 한다.★

최근 관객이 비교적 단기간에 천만 명이 넘었던 "7번방의 선물"이나 "은밀하게 위대하게" 등의 영화는 사람들의 입에서 입으로 구전되다가 어느 정도의 사람들이 이 영화를 보게 되면서 폭발적으로 늘어난 좋은 사례라 할 수 있다.

수년 전 미국의 '허시파피' 신발이 미국 백화점을 휩쓴 것이나, '해리포터와 마법사의 돌', '블루오션전략' 등은 이런 'tipping point'를 지나면서 세계적인 베스트셀러의 반열에 오른 예라 할 수 있다.

1970년대만 하더라도 자동차는 상당한 사회적인 지위와 부의 상징으로 지나가는 사람들이 부러운 눈길을 보내기도 하였다. 그러나 지금은 어떤가. 2011년에는 우리나라 자동차 생산량이 466만대로 세계 5위를 기록하며, 등록대수는 1,855만대로 인구 2.74명당 1대의 자동차를 보유하고 있다. 이를 가구당 기준으로 보면 1가구당 0.91대를 보유한 것이며, 자가용 기준으로는 1가구당 0.85대를 보유하고 있는 것이다. 우리나라의 자동차 산업은 세계 5위의 생산국으로 거의 한 집에 한 대꼴로 자가용을 소유하다보니 고속도로에서 정체는 당연시하는 형편이다. 게다가 자동차 회사들은 매

★ 박태일, 〈비즈니스 교양〉

년 새로운 모델을 내놓아 운전자들의 구미를 당기고 있고, 수입 외제차들도 매년 증가하면서 자동차의 평균 사용은 4년이라는 것이다. 불과 20여 년 만에 너무나 큰 격세지감을 느끼게 된다.

이처럼 우리의 생활이 변화함에 따라 제품의 사용기간도 많이 달라지고 있는데, 옷이나 신발, 가전제품, 학용품, 집, 책 등등의 상품은 시장에 소개되어 사라질 때까지의 과정을 '제품수명주기(Product Life Cycle)'라 한다. 이 개념은 마치 우리 인간이 태어나서 죽을 때까지의 생애(Life Cycle)처럼 모든 상품도 이러한 과정을 거친다는 것이다.

상품의 수명이 발생하게 되는 이유로는 첫째, 우리가 세월이 흐름에 따라 입맛이 변하듯이 제품을 선호하는 경향도 수시로 변한다. 특히 어린이와 여자들은 유행에 따라 구매태도가 영향을 많이 받는다. 둘째, 기업의 마케팅 노력, 특히 광고에 따라 상품의 선호도가 많이 좌우된다. 끼워팔기나 가격할인은 충동구매를 일으키기 쉽다. 셋째, 경쟁사의 판매활동에 많은 영향을 받는다. 컴퓨터사간의 치열한 경쟁은 컴퓨터의 수명을 단축시키는 대표적인 경우이다. 넷째, 기술개발에 따라 제품수명이 달라진다. 세계적인 코카콜라나 M&M 초콜릿은 지금도 많이 팔리는 장수 상품이다. 반면에 HDTV가 개발되면서 기존의 칼라TV는 수명이 단축되게 되었다. 끝으로 사회적이나 법적인 환경의 변화에 따라 수요가 달라진다. 최근 공공장소에서의 흡연을 금하는 사회적인 운동으로 담배 수요가 많이 줄고 있다.

이런 제품의 수명주기는 앞으로 보다 효과적인 제품계획과 각

단계에 필요한 마케팅 정책을 수립하는 데 중요한 정보가 되는 데, 대략 다음과 같은 4단계의 과정을 거친다.

그림 | 제품수명 주기

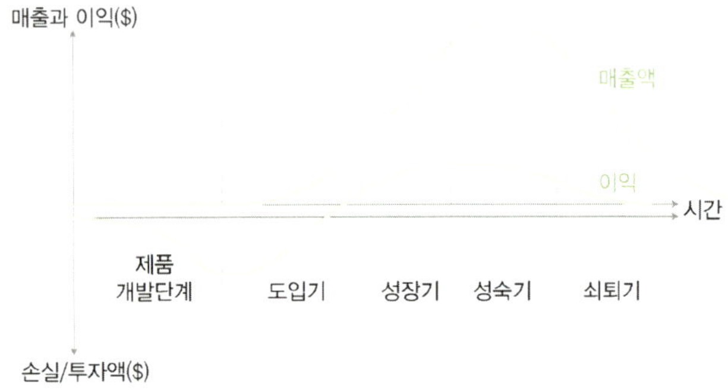

도입기(Introduction Stage)는 제품이 처음으로 시장에 소개되는 과정으로, 소비자들에게 제품의 특성을 알려 그 반응을 살피고 유통망을 확보하는 것이 시급하다. 이때 가장 중요한 경영능력은 연구개발(R&D)이다. 현재 우리나라의 경우, 태양열 에너지 개발이나 로봇화에 관한 연구의 예를 들 수 있다.

성장기(Growth Stage)는 어느 정도 제품이 시장에 알려지면서 판매가 늘어나는 과정으로, 소비자들의 입에서 입으로 그 효과가 전달되는 구전효과(Word-of Mouth Effect)와 상표의 인지도를 심어주기 위한 대중적인 광고가 판매에 많은 영향을 끼친다. 이때 가장 필요한 경영능력은 마케팅부문이다. 세계 시장에서 빠르게 보급되고 있는 휴대폰은 성장기의 좋은 예라 할 수 있다.

성숙기(Maturity Stage)에 이르면 수요가 포화상태에 이르러 경쟁이 치열해지는 시기이다. 이 단계에서는 가격경쟁이 심하며, 할

인판매나 경품판매를 실시하거나 제품의 다른 기능을 첨가하여 차별화를 시도한다. 이때 가격경쟁에서 이기기위한 원가절감이 중요하며, 경영능력은 생산활동에 모아진다. 예로는 자동차나 김치냉장고 등이다.

끝으로, 쇠퇴기(Decline Stage)에 도달하면 소비자의 기호가 변하고, 새로운 대체품이 개발되어 소비는 계속적으로 감소하게 된다. 이 시기는 철저한 통제의 원가관리로 궁극적으로는 제품생산을 줄여 철수준비를 하는 것이 바람직하다. 예로는 흑백TV나 양복점 등이다.

13

옷걸이와 매스티지

세탁소의 헌 옷걸이가 갓 들어온 새 옷걸이한테 한마디 하였다.

"너는 옷걸이라는 사실을 한시도 잊지 말길 바란다."

새 옷걸이는 어리둥절하며 물었다.

"옷걸이라는 것을 그렇게 강조하시는지요?"

헌 옷걸이가 대답하였다.

"잠깐씩 입혀지는 옷이 자기의 신분인 양 교만해지는 옷걸이들을 그동안 많이 보았기 때문이다."

'매스티지(Masstige)'는 미국의 유명한 경영저널인 'Harvard Business Review (HBR)'에서 처음 사용한 개념으로, '대중(Mass)'과 '명품(Prestige Product)'을 합성한 신조어다. 이는 대량으로 판매되지만 품질은 고급인 상품을 말한다. 과거에는 소수의 부유층만이 구입할 수 있었던 전통적인 명품(Old Luxury Brand)과는 달리 중산층 소비자들도 비교적 저렴한 가격으로 구입할 수 있는 명품 브랜드가 '매스티지' 상품이다. '매스티지' 상품의 특징으로는 개인적 자긍심을 주며, 가격에 적합한 가치(value for money)를 지니고 있다는 점이다.

1992년 '뉴그랜저'를 거쳐 1998년에 출시된 '그랜저 XG'는 '다이너스티'와 '에쿠스'에 가려져 '부자와 상류층의 차'라는 이미지를 위협받게 된다. 이런 위기의식을 느낀 현대자동차는 차의 길이와 넓이 및 높이를 모두 몇 cm씩 늘려 오너 드라이버도 만족시키면서 대형 승용차의 품위도 지키는 콘셉의 '그랜저 TG'를 내놓았다. 2005년 5월에 출시된 '그랜저 TG'는 19개월간의 판매량이 무려 14만 1083대였다. 이는 이전 모델이었던 '그랜저 XG'의 7년간 총 판매량(30만대)의 절반에 가까운 실적으로, 국내 대형승용차의 판매기록으로는 전무한 실적이었다. 말 그대로 '대박'이 터진 것이다. 자동차 전문가들은 "TG가 국내 대형승용차의 잠재 수요를 진공청소기처럼 빨아들이고 있다.

이젠 대형승용차로서 개체 존엄성까지 걱정해야 할 판"이라고 혀를 내둘렀다. 2006년 TG를 구입한 8만4861명 중 L330(배기량 3300cc) 이상의 모델을 산 사람은 11%에 불과하다. 나머지는 모두 Q270(배기량 2700cc) 모델을 샀다. Q270 모델은 상류층의 자부심과 '386'으로 표현되는 이른바 '3040 세대'의 감성적 이미지를 함께 충족시키기 때문이다. 비록 상류층은 아니지만 상류층으로 진입할 수 있다는 자신감과, 마치 상류층이 된 듯한 자부심을 심어주면서 그들이 꿈꿔온 자동차 성능에 대한 욕구와 감성적 이미지를 제대로 만족시켰기 때문이었다.

1980년대 후반부터 우리 사회는 중산층이 본격적으로 형성되기 시작하였으며, 비슷한 시기 서울 올림픽의 개최를 통하여 글로벌화의 필요성에 대한 사회적 수요가 증가하였다. 따라서 이 시기를 전후하여 외국문물이 급속히 들어오며, 외국제품이나 브랜드들이 눈에 띄게 증가하고, 사회적으로 외국문물에 익숙한 소위 오렌지 세대와 같은 신세대가 출현하는 등 사회변동의 새로운 물줄기가 형성되었다. 그리고 1990년대 후반의 외환위기 이후에는 소득의 양극화로 소비패턴도 고품질이면서 저가격의 제품 구매를 선호하는 현상도 나타나기 시작하였다. 그리고 최근 경기 침체의 장기화로 주요 상품군이 매출 부진을 면치 못하는 가운데 '매스티지' 관련 상품군은 꾸준한 성장세를 기록하고 있다.

14
할머니와 POS 시스템

새로 나온 강력한 진공청소기를 파는 한 판매원이 동네를 돌다가 어느 집의 초인종을 눌렀습니다. 할머니 한 분이 문을 열자, 그는 자신을 간단히 소개하며 새로 나온 상품을 구입하도록 부탁을 하였습니다.

그러자

"난 가난한 노인이라서 그런 진공청소기를 살만한 돈이 없습니다."

라고 말했습니다.

판매원은 오히려 자신만만한 어조로 말을 했습니다.

"할머니, 제가 이 진공청소기의 성능을 보여 드리면 할머니께서는 이 청소기를 사고 싶은 마음이 생길 것입니다. 시범을 보여 드린 후에 안 사셔도 괜찮습니다. 이 청소기는 뭣이든지 자국 하나도 남기지 않고 깨끗하게 다 흡수를 해버립니다."

할머니가 반응을 할 기회도 주지 않고 그 판매원은 말을 계속했습니다.

"이 청소기가 얼마나 청소를 깨끗하게 하는지를 보여드리겠습니다."

그렇게 말하고 그 판매원은 자루에 담아 온 밀가루를 카펫 위에 쏟아 부었습니다.

그리고 또 말을 했습니다.

"할머니, 이 청소기가 방금 뿌린 밀가루를 깨끗하게 청소하는 것을 보십시오. 이 청소기가 흡수를 하지 않는 밀가루는 제가 먹겠습니다."

그 모습을 지켜보던 할머니가 드디어 말을 했습니다.

"이봐, 젊은이, 당신은 위가 대단히 큰 모양이군요. 내가 전기 요금을 내지 않아서 어제 전기가 끊겼다오."

그동안 우리 국민들은 근검하고 성실한 근로의욕과 정부의 과감한 성장 추진력 및 기업의 열성적인 경영노력 등이 한데 어우러져 비교적 짧은 시간에 엄청난 성장을 이루었다. 정부의 수출위주 정책에 따라 우리 사회는 비약적인 발전을 보게 되었고 특히 1988년 올림픽개최를 계기로 우리 사회와 기업은 국제화에 동참하게 되었다. 국내시장이 개방되고 기업이 국제시장을 쫓아서 해외투자도 활발하게 이루어지면서 국내.외 경제환경은 급속도로 변화하게 되었다. 이와 함께 국내시장에서도 유통업은 비약적인 발전을 거듭

하였고 특히 1996년에 완전 개방됨에 따라 국내기업들은 세계적인 유통업체들과 치열한 경쟁을 벌이고 있다. 또한 국내 소비자들은 외국제품의 수입과 빈번해진 해외여행이나 친지방문 등을 통하여 소비행태가 많이 변화되었을 뿐만 아니라 높아진 국민소득으로 그동안 일부계층에서만 누려왔던 외제 자동차, 화장품, 가전제품, 식품 등에 대한 욕구를 직접 느낄 수 있게 되었다.

판매시점정보관리(Point Of Sales, POS)는 보통 소매점에서 광학식 감지장비를 이용하여 상품을 판매하는 시점에서 바로 상품정보와 고객정보를 효율적으로 관리할 수 있는 시스템을 말한다. 상품에 부착되어 있는 바코드(Bar Code/Universal Product Code)나 OCR(Optical Character Reader) 꼬리표를 고정스캐너나 라이트 펜으로 감지하여 매출액은 물론이고, 어떤 상품이, 어느 시간대에, 얼마만큼 팔리는가에 대한 매출과 관련한 정보를 분석할 수 있다. POS 시스템에 의해서 발행되는 영수증에는 상품명, 상품코드, 가격, 수량, 판매일시, 계산대번호 등이 찍히게 되는 데, 상점이나 기업은 본부에 연결된 컴퓨터로 입력된 정확하고 신속한 정보를 분석하여 주문량, 배송계획, 상품의 진열방식, 가격결정, 인원배정 등을 효과적으로 수행할 수 있게 한다. 특히 요일이나 날씨 또는 계절의 변화에 따른 매출액은 기업의 효율적인 생산이나 유통계획에 중요한 정보를 제공하게 된다.

흔히 통조림이나 커피 식용유 과자 옷 신발 껌 가전제품 승용차 등 대부분의 상품 겉면에 보면 굵기가 다름 막대들이 바코드(bar code)인데, 열세자리로 구성되어 있다. 그림에서 보면, 처음의 세

자리는 국가를 나타내고(우리나라는 880임), 다음 네 자리는 상품을 생산, 판매하는 회사의 고유번호이다. 이어서 다섯 자리는 각 회사가 판매하는 품목별 고유번호를 의미한다. 그리고 맨 마지막 한자리는 컴퓨터가 판독의 정확성을 체크하는 숫자이다.

그림 | 바코드

일반적으로 『POS 시스템』은 바코드를 읽어내는 Scanner와 감지된 내용을 통하여 금전출납 및 영수증을 발행하는 POS Terminal, 그리고 상점에 설치된 여러 대의 터미널을 종합 관리하는 Store Controller로 구성된다. 이러한 POS 시스템은 백화점이나 주유소 및 식당 등에서 신용카드로 자신의 은행계좌에서 자동이체 되어 현금 사용으로 인한 번거로움을 덜 수 있는 장점으로 점차 유통업이나 서비스업으로 확대되는 추세를 보이고 있다.

현재 POS 시스템은 전세계 대부분의 국가에서 널리 사용되고 있으며, 일본은 이미 30여 년 전부터 도입하여 대부분의 제품에서 바코드를 활용하고 있다. 한국유통정보센터에 의하면 우리나라는 1993년 1만대를 돌파한 이후 현재는 거의 모든 제품과 서비스업에서 사용하고 있다. 그런데 바코드 기반의 POS 시스템은 상품에 부착된 바코드를 단말기로 개별 스캐닝을 해야 하기 때문에 시간이 오래 걸리는 단점이 있다. 그래서 최근에는 이러한 단점을 보완하기 위해 상품에 부착된 RFID*가 리더기를 통과함과 동시에 일괄적으로 스캐닝 할 수 있는 RFID 기반의 POS 시스템을 개발하여 곧 상용화할 것으로 보인다.

★ Radio Frequency Identification; IC칩과 무선을 통해 식품 · 동물 · 사물 등 다양한 개체의 정보를 관리할 수 있는 인식 기술로서, 고속도로의 '하이패스'를 예로 들 수 있으며, '전자태그', '스마트 태그', '전자 라벨', '무선식별' 등으로 불린다.

15
왜 글로벌 스탠다드인가?

뉴욕 주에 한 농부가 있었는데, 그는 옥수수 농사를 잘 짓기로 유명했습니다. 매년 박람회에 자기가 재배한 옥수수를 출품하여 금상을 받았습니다. 그런데 그 농부는 매년 씨앗을 심을 때가 되면 주변 농부들에게 좋은 옥수수의 종자를 나눠주었습니다.

어느 날 기자가 그에게 물었습니다.

"농부 아저씨, 당신은 매년 경쟁의 대상이 되는 농부들에게 왜 종자를 나눠주십니까?"

"기자 양반은 모르셨군요!"

농부는 태연하게 대답을 했습니다.

"옥수수가 익어갈 때 바람이 불면 옥수수의 꽃가루가 이 밭 저 밭으로 날아갑니다. 제 주변의 옥수수가 좋지 않으면 그 좋지 않은 꽃가루가 제 밭에도 날아와서 제 옥수수의 질을 떨어뜨립니다. 그러므로 제가 옥수수 농사를 잘 지으려면 주변의 농부들이 좋은 옥수수를 기르도록 도와주어야 합니다."

이 농부의 말대로 우리의 인생은 서로 연관되어 있습니다. 주변의 옥수수가 좋아야 내 옥수수도 좋아진다는 원리는 우리의 생활에도 적응이 될 수가 있습니다. 평화롭게 살기를 원하면 이웃이 평화를 누리도록 도와주어야 합니다.

오늘날과 같이 지구촌에 살고 있는 우리들에게 소위 '글로벌 스탠다드(Global Standard)란 어떤 의미이고, 왜 필요한가?' 에 대하여 세계경영연구원 전성철 이사장은 인류의 삶을 더 행복하게, 더 풍요롭게 만들어 주는 세계적으로 인정된 일련의 생각들이라고 한다. 그리고 그 생각(가치)에 바탕을 두고 만들어진 제도, 기법 같은 것들이다. 우리가 가장 잘 아는 글로벌 스탠다드에는 '민주주의'라는 것이 있다. 인류의 역사를 보면 인간은 참으로 잔혹하기 짝이 없는 종이었다. 로마 시대에 로마 시내를 관통하는 운하가 개통되었다. 개통을 축하하기 위해 그 당시 위정자들은 로마 감옥에 있는 약 1만 명의 죄수들을 두 편으로 나누어 두 배에 나눠 태우고는 하루 종일 서로 죽이도록 했다. 해질 무렵 살아남은 사람은 1만 명 중 불과 8명이었다고 한다. 그 죄수들 중에는 소매치기를 비롯해 취중 고성방가로 잡혀 들어온 사람 등 그다지 큰 죄를 짓지 않은 사람들도 많았다. 그들이 모두 구경꾼들을 위한 하루 동안의 유희의 제물이 된 것이었다. 12-15세기 사이에 독일 한 나라에서만 마녀 사냥에 희생된 여성이 무려 30만 명이었다고 한다. 매달 1,000명꼴로 무고한 여성들이 마녀라는 누명이 씌어져 불에 태워 죽임을 당했다. 중세 런던 성 밖에는 항상 수백 구의 시체가 걸려 있었다고 한다. 런던에 와서 '까불면' 이런 꼴을 당한다는 경고를 보내기 위해서였다고 한다.

이렇게 잔혹하던 인간이 개화되기 시작한 것은 바로 글로벌 스탠다드 덕분이었다. 17세기 프랑스의 철학자 '몽테스키외(Montesquieu)'

라는 사람이 새로운 '생각'을 하나 제시했다. 그는 '법의 정신'이라는 책을 통해 '시민이 왕의 소유물이 아니며 시민과 왕은 계약에 의해 그 관계를 맺었을 뿐이다. 인간의 존엄성과 권리는 존중되어야 한다.'는 생각을 설파했다. 이 생각은 전 세계로 퍼지면서 인류의 삶을 행복하게 해 주는 생각(가치)으로 인정받게 되었고 그 생각이 바로 '민주주의'라는 제도를 낳게 된 것이었다. 이것이 우리가 아는 최초의 의미 있는 글로벌 스탠다드였다. 이 글로벌 스탠다드는 세계로 퍼지면서 미국의 건국 및 프랑스 혁명을 이끄는 동력이 되었고 그 후 200여 년 동안 인류의 사는 모습을 완전히 바꾸어 놓고 말았다.

인간은 전통과 문화에 예속되게 되어 있다. 동질적인 문화를 지닌 인간들끼리 모여 살면서 스스로의 모습을 바꾸기란 정말 쉽지 않다. 외부로부터 인류의 삶을 행복하게 해 주는 새로운 생각을 받아들일 때 그 변화와 발전은 빨라지는 것이다. 밖에서 형성된 생각과 제도 중 세계적으로 그 가치가 인정된 것들이 바로 글로벌 스탠다드이다. 인류는 그 동안 수많은 글로벌 스탠다드를 개발해 왔다. 예를 들어, 인류는 '폐쇄'와 '개방' 중 개방이, '공리공론'과 '실용성'중에는 '실용성'이 인류의 삶을 더 행복하게 해 준다는 것을 발견했다. 그 결과 '개방'과 '실용성'은 19세기에 글로벌 스탠다드가 되었다.

우리 민족은 19세기 말에 이러한 글로벌 스탠다드를 거부하는 바람에 험난한 질곡의 역사를 겪었다. 아직도 그를 받아들이지 못한 북한은 비참한 삶을 살고 있다. 시대에 따라 계속 새로운 글로벌 스탠다드가 나타난다. 어느 시대 어느 나라를 막론하고 이 새롭게 떠오르는 글로벌 스탠다드를 예민하게 느끼며 그에 공감하고 나라의 중심적 가치로 도입하려는 부류가 있게 마련이다. 우리나라에는 '공리공론'보다는 '실용성'을 중심 가치로 도입하고자 했던 18세기의 박지원을 비롯해 '쇄국'이 아니라 '개방'을 이루고자 했던 김옥균이 있었으며, 해방 이후 '민주주의'를 이루고자 했던 수많은 민주투사들이 있었다.★

오늘날 글로벌 사회에서 큰 이슈로 등장하는 '글로벌 스탠다드' 가치의 핵심은 바로 '떡을 키우는' 일이다. 따라서 '글로벌 스탠다드'의 가치와 활동도 떡을 키우는 과제를 중심으로 형성되고 있다.

★ 전성철 세계경영연구원(IGM) 이사장

16
해외여행과 빅맥지수

옛날에 왕을 위하여 열심히 일해 온 광대가 있었다. 그런데 어느 날 그 광대가 돌이킬 수 없는 실수를 저질러 왕의 노여움을 사서 사형에 처해지게 되었다.

왕은 그동안 광대가 자신을 위해 노력한 것을 감안하여 마지막으로 자비를 베풀기로 하고는 다음과 같이 말했다.

"너는 큰 실수를 저질러 사형을 면할 수는 없다. 그러나 그간의 정을 감안하여 너에게 선택권을 줄 것이니 어떤 방법으로 죽기를 원하느냐?"

광대는 말했습니다.
"그냥 늙어서 죽고 싶사옵니다!"

우리의 국민소득이 1만 불을 넘어서면서 해외여행을 많이 다녀오게 되었는데, 여행을 다닐 때 가장 애로사항 중 하나가 식사문제이다. 외국에 가서도 한국음식을 고집하여 한국음식점을 찾다보면 많은 시간을 허비하게 되고, 처음에 목적했던 외국의 문화나 유적지를 돌아보는 시간이 적게 된다. 반대로 외국 음식은 대체로 이름부터 생소하고 어디에 가서 적절한 가격으로 그나마 먹을 만한 음식을 접할 수 있는가가 참 어렵다. 그래서 전세계 어디에서나 비교적 손쉽게 적절한 가격으로 식사를 해결할 수 있는 방법이 햄버거를 사 먹는 것이다. 전세계 100여 개국에 진출한 맥도날드의 햄버거는 영양가나 맛이 거의 표준화되어

있기 때문에, 여행을 할 때는 비교적 손쉽게 사 먹게 된다. 그런데 이 햄버거의 값은 국가마다 다르기 때문에 각국의 물가를 비교적 쉽게 비교할 수 있는 「빅맥지수」를 이용하면 여행에 많은 도움이 될 수 있다. 또 이처럼 각국의 물가가 다르기 때문에 근로자들의 임금을 단순히 받는 명목금액에 의해서만 비교하기 보다는 햄버거를 사 먹을 수 있는 근로시간을 비교하는 것이 현실적으로 더 쉽게 느낄 수 있다.

맥도날드의 '빅맥 햄버거' 값을 사용한 「빅맥지수」는 영국의 경제 전문지인 '이코노미스트'가 매년 발표하는 데, 각국 화폐의 구매력을 맥도날드의 '빅맥 햄버거' 한 개의 값으로 측정하여 미국 달러화를 기준으로 하여 각국 통화의 실질적인 가치를 평가하는 방법이다.

이러한 개념을 근로자의 임금과 관련시켜 생각해보면, 얼마만큼 일을 해야 '빅맥 햄버거'를 한개 사먹을 수 있을까? 스위스의 유니언 은행에 따르면*, 멕시코시티의 근로자는 4시간 일을 해야 햄버거를 하나 사먹을 수 있고, 미국의 시카고 근로자들은 18분만 일하면 햄버거를 하나 사먹을 수 있다는 것이다. 즉, 시카고의 임금수준은 멕시코시티의 근로자보다 상대적으로 높다는 뜻이다. 동경

★ 1991년 기준

의 근로자들은 20분정도 일하면 햄버거를 하나 사먹을 수 있고, 서울의 근로자들은 햄버거 하나를 사먹는 데 필요한 근로시간은 25분으로 비교적 임금수준이 높은 편이라 할 수 있다. 모스크바의 근로자들은 햄버거를 하나 사먹는 데 필요한 근로시간은 약 2일이 소요되는 것으로 측정되었다.

17
자녀교육과 문화비교

십대의 아들이 아버지에게 "R" 등급의 영화를 보도록 허락해달라고 하였습니다. 가정의 규칙에 따라 아버지가 안 된다고 하자, 아들이 아버지에게 설득을 하려 했습니다.

> "아버지, 그 영화에는 욕설이 두 번 밖에 나오지 않는데요. 그리고 음란한 장면은 단 한번 그것도 잠시 스쳐가는 장면이라고 해요. 그런 정도라면 우리들에게 악영향을 미치지 않을 것입니다. 그러니까 이번에 그 영화를 보도록 허락해주세요."

그 말은 듣고 아버지는 오후에 대답을 주겠다고 하였습니다. 늦은 오후에 아버지는 맛있게 생긴 케이크를 하나 가지고 왔습니다.

그리고 아들에게 말했습니다.

> "얘야, 내가 아주 좋은 케이크를 가져 왔다. 이 케이크는 가장 좋은 원료로 만들었고 유명한 케이크 전문가가 정성껏 만든 것이란다. 맛도 물론 최고란다. 자 어서 먹어라."

그런 좋은 케이크를 가져오신 아버지가 고맙기도 하지만 출출한 김에 맛있는 케이크를 먹게 되어 아들은 기뻤습니다. 그 아들이 케이크를 자르려고 할 때 아버지가 한마디 더 했습니다.

"얘야. 참! 내 하마터면 잊어버릴 뻔 했구나! 이 케이크는 맛도 모양도 최고이지만 한 가지 너에게 알려주어야 할 것이 섞여 있단다. 아주 소량의 개똥을 내가 넣었다. 아주 소량이라서 냄새도 안나고 개똥 맛도 나지 않는단다. 그 점을 알고 이제 어서 먹어라."

절대로 그런 케이크를 먹지 않겠다고 말하는 아들에게 아버지는 말했습니다.

"네가 보려는 영화에는 약간의 개똥이 섞여 있음을 알아야 하느니라."

한 십대의 아들이 아버지에게 자동차를 사달라고 졸랐습니다. 장발(長髮)의 아들에게 아버지가 말했습니다.

"네가 머리를 짧게 깎기 전에는 자동차를 가질 생각을 하지 마라!"

그랬더니, 아들이 말했답니다.

"아버지, 예수 그리스도도 머리가 길었지 않았어요?"

그 말을 들은 아버지는 즉시 되받아 명답을 주었습니다.

"네 말이 옳다! 예수 그리스도는 장발을 하고 모든 곳을 걸어 다니셨느니라. 너도 자동차 없이 걸어다니거라!"

혼전 동거(婚前 同居)를 주장하는 사람이,

"구두를 살 때 신어보지 않고는 사지 않는 것처럼, 결혼도 같이 살아보지 않고 하는 것은 적절하지 않습니다. 그러니 혼전 동거를 추천합니다."

이런 주장에 미국의 유명한 칼럼니스트였던 'Abby'가 명답을 주었습니다.

"신발을 신어본 후에 산다고 말했지만, 당신은 이런 저런 사람이 다 신어본 구두를 살 용의가 있습니까?"라고 역질문을 했습니다.

지난 6월 박 대통령의 중국 방문에서 정치와 경제적 의제 외에 언론에 많이 보도된 것은 박 대통령의 중국문화에 대한 특별한 관심이다. 박 대통령은 시진핑(習近平) 중국의 국가 주석과의 정상회담, 한-중 비즈니스 포럼 연설, 청화대(青華大) 연설 등에서 중국의 속담과 고전에 나오는 유명한 구절을 많이 인용하면서 중국문화에 대한 소양을 과시하여 중국인들의 마음을 사로잡았다. 중국도 국빈 방문한 박 대통령에게 극진한 예우를 했고, 중국 언론도 대대적으로 그 행보를 보도하여 문화외교의 큰 성과를 거둘 수 있었다.

출처 : kidsdonga

이처럼 문화는 21세기 글로벌 사회에서 필수적으로 이해하여야 할 부분인데, 일반적으로 다른 문화를 처음 접할 때는 생소한 문화에 적응을 하기가 어려워 많은 갈등이나 충격을 받게 되는 데, 이를 '문화충격(Culture Shock)'이라 한다. 반대로 다른 문화에 적응하며 살아가다가 자국의 문화로 다시 돌아올 때, 자국 문화로부터 새롭게 겪게 되는 문화적인 갈등이나 충격을 '역문화충격(Reverse Culture Shock)'이라 한다.

홉스테드(G. Hofstede)는 1980년 IBM社사의 50개국 116,000명의 종업원을 대상으로 일과 관련한 가치들이 국가 간에 차이가 있고, 이러한 차이는 기업에서 종업원의 태도와 행위에 중요하게 작용한다는 사실을 밝혀내었다. 그 후 이 연구는 각국의 문화적 차이를 비교 분석하는 데 매우 유용한 기준으로 사용되고 있다.(그림 참조)

그림 | 홉스테드의 문화비교

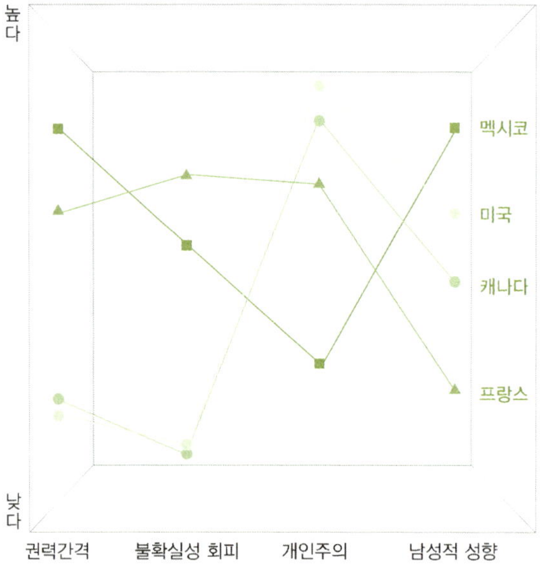

1. 권력 간격(Power Distance)

어떤 사회에서 개인이나 조직들이 영향력이나 통제력이 불평등하게 분산되어 있다고 믿는 정도를 '권력 간격'이라 정의하였다. 이 간격이 큰(High on the Power Distance) 사회에서는 특별한 계층에 속한 사람들은 소위 출세할 수 있는 개인적인 기회가 많다는 것이다.

멕시코, 프랑스, 인도, 필리핀 같은 국가들은 권력 간격이 큰 권위주의적 사회에 속하는 것으로 나타났고, 미국, 캐나다, 스웨덴, 오스트리아 같은 국가는 권력 간격이 낮은(Low on the Power Distance) 평등주의적 사회로 나타났다. 전자의 경우에는 경영자의 전제적인 경영형태(Autocratic Management)가 일반적인데 비해, 후자의 사회에서는 경영자와 종업원의 참여적인 경영형태(Participative Management)가 바람직한 것으로 나타났다.

2. 미래의 불확실성에 대한 회피(Uncertainty Avoidance)

이는 어떤 사회의 구성원들이 미래의 위험이나 불확실에 대하여 피하려고 하는 정도를 말하는 데, 강한 회피(Strong Uncertainty Avoidance)를 나타내는 사회에서는 초조나 불안으로 법적인 규제나 제도적인 장치를 강화한다. 그러나 약한 회피(Weak Uncertainty Avoidance)를 나타내는 사회는 미래에 대하여 별로 불안하지 않으며, 이런 불안을 줄이려는 노력은 별로 하지 않는다. 회피성이 강한 프랑스나 멕시코의 기업에서는 안정적인 직장, 행동을 규제하는 각종 제도, 규범에서 벗어난 생각이나 행동의 불인정, 절대적 진실에 대한 믿음, 전문가에게 과도한 신뢰 같은 현상이 나타나는 반면에, 미래에 대한 불확실성을 낮게 생각하는 미국이나 캐나다에서는 경영자들이 종업원과의 깊은 인내심으로 보다 창의적이고 경쟁적이며, 변혁적인 생각이나 제도를 수용하는 데 주저하지 않는다.

3. 개인주의 대 집단주의 성향(Individualism vs Collectivism)

자신이나 가까운 가족들의 이익이 우선적이라 생각하는 사회적인 문화가 개인주의(Individualism)이고, 반대로 조직이나 공동사회의 복리와 이익을 먼저 중시여기는 경향을 집단주의(Collectivism)라 정의하였다. 미국이나 캐나다는 매우 강한 개인주의(Very High in Individualism)는 '우리(We)' 보다는 '나(I)'의 표현이 많으며, 개인의 능력이나 자유경쟁을 선호하며 개인의 사생활을 매우 중요하게 생각한다. 반면에 멕시코나 일본은 집단주의 성향이 강한(Strong Collectivism) 사회는 집단성과제나 연공서열 같은 제도를 선호하며, 집단에서 소외되는 것을 매우 불안하게 생각한다.

4. 남성적 대 여성적 성향(Masculinity vs Femenity)

다른 사람과는 상관없이 자신이 물질이나 돈을 축적하는 데만 적극적인 태도를 보이며, 직업에 있어서 남녀의 구분을 두는 사회를 남성적(Masculinity)이라 하고, 이와는 달리 인간적이고 정서적인 안정에 사회적 가치를 두는 사회를 여성적(Femenity)이라 정의하였다. 멕시코, 일본, 이탈리아, 오스트리아 같이 강한 남성적 문화(High-Masculinity Cultures)에서는 아직도 여성들은 높은 경영층에 오르기가 어렵다. 반면에 미국, 캐나다, 스웨덴, 덴마크 같은 나라는 남녀의 차이들 두지 않고, 양육에서도 동등한 역할을 하는 여성적(Femenity)사회이다.

한편, 홉스테드의 계속된 연구에 의하면, 우리나라 기업의 종업원들 태도와 행위적 특성은 미국, 일본의 종업원들에 비하여 '큰 권력간격'과 '집단주의' 경향을 띠며, '불확실성에 대하여 강한 회피성'과 '여성적'인 경향 나타내는 것으로 분류되었다. 이러한 문화 비교의 기준은 어디까지나 상대적이며, 이외에 다른 비교기준도 있을 수 있다. 그리고 이러한 문화의 특성은 시간이 흐름에 따라 바뀔 수 있고, 같은 국가 내에서도 기업의 특성이나 조직문화에 따라 조금씩 다른 형태를 보일 수도 있다.

이러한 홉스테드의 연구는 실증자료와 계량적 분석방법을 통하여 각국의 경영 리더십과 종업원의 동기분석 등의 특성을 추론할 수 있다는 점에서 글로벌 CEO에게 시사하는 점이 크다고 할 수 있다.

18
포도주와 성공비결

불평이 많은 한 청년이 왕을 찾아와 인생을 성공적으로 사는 법을 가르쳐 달라고 졸랐다.

왕은 잔에 포도주를 가득 부어 청년에게 주면서,

"포도주 잔을 들고 시내를 한 바퀴 돌아오면 성공비결을 가르쳐 주겠다. 단 포도주를 엎지르면 네 목을 베리라."

청년은 땀을 뻘뻘 흘리며 시내를 한 바퀴 돌아왔다.

왕이 물었다.

"시내를 돌면서 무엇을 보았느냐, 거리의 거지와 장사꾼을 보았느냐, 혹은 술집에서 새어 나오는 노랫소리를 들었느냐?"

청년이 대답했다.

"포도주 잔에 신경을 쓰느라 아무것도 보고 듣지 못했습니다."

그러자 왕이 말했습니다.

"바로 그것이 성공의 비결이다. 인생의 목표를 확고하게 세우고 일에 집중하면 주위의 유혹과 비난이 들리지 않을 것이다."

일하지 않는 사람은 불평이 많다. 분명한 인생관을 갖고 일에 몰입하는 사람은 불평할 틈이 없다.

국내 최대의 지하토목 기초처리(보링그라우팅) 회사였던 『삼보지질』은 1996년 1월에 일시적인 자금난으로 부도를 내고, 그 해 4월에 신호그룹에 인수되었다. 그런데 이 회사는 강○○ 사장이 1976년 창업한 이후 매년 20% 이상의 매출액 성장으로 국내 보링그라우팅업체 6백여 개 중 수주랭킹 1위를 기록한 국내 최대기업이었고, 부도 직전인 1995년의 매출액이 1천44억 원, 종업원이 7백여 명으로 기술적으로 상당히 탄탄한 회사였다. 그러나 사장이 기술자출신으로 기업의 원활한 자금관리를 소홀히 하여 일시적인 자금난에 대처하지 못하고, 20여 년간 애써 가꾼 기업이 남의 손에 넘어가는 불운을 맞게 되었다.

이처럼 기업에 조달된 자금이 경영활동을 통하여 어떻게 운용되고 또 어떠한 상태에 있는가를 분석하는 재무분석은 경영정책의 합리적인 의사결정에 중요한 재무정보가 된다. 즉, 기업의 재무상태의 유동성이나 재무구조의 안전성뿐만 아니라 기업의 수익성과 모든 경영활동의 분석을 포함하는 경영분석(Business Analysis)이 중요하게 되었다. 따라서 경영분석에는 기업의 수익성, 안정성, 성장성이 주요한 내용이 되며, 대차대조표나 손익계산서 같은 재무제표를 이용한 분석은 기업의 건전한 재무관리와 활발한 경영활동에 도움이 되는 중요한 경영정보원이 된다.

먼저 기업의 수익성은 기업에 투자된 총자본이 얼마나 효율적으로 운영되어 이익이 어느 정도인가로 측정한다. 기업활동 중에서 가장 중요한 수익성 분석은 보통 자본이익률(ROI, Return On Investment)로 많이 표현된다. 이 비율은 순이익을 총투자자본으로 나눈 것을 말하는 데, 비율이 높을수록 이익이 많다는 것을 의미한다.

기업의 안정성은 지불능력이나 자금의 균형상태로 알아보는 데, 현재 보유하고 있는 현금, 예금, 유가증권 등 곧 현금화할 수 있는 당좌자산이 일 년 이내에 갚아야 할 부채와 같은 정도라면 당좌비율은 100%로 자금은 안전하다고 판단할 수 있다.

기업의 성장성은 경영활동의 결과인 생산량, 매출액, 부가가치에 의하여 크게 노동생산성과 자본생산성의 두 가지로 분석할 수 있다. 따라서 기업의 성장성 분석에는 매년 매출액이 몇 퍼센트인가에 대한 양적인 성장과, 노동 및 자본의 생산성에 관한 질적인 성장이 동시에 고려되어야 한다.

그런데 이러한 비율분석만으로는 기업의 재무상태나 경영성과를 판단하기 어렵기 때문에 비교나 대조할 수 있는 기준이 필요한데, 주로 동종업계의 평균치가 '표준비율'로 많이 사용된다.

19

레몬 즙과 지하경제

마을 광장에서 한 남자가 사람들을 불러 모으고 있었다. 힘이 엄청 센 남자가 쥐어 뭉그러뜨린 레몬에서 한 방울이라도 더 즙을 짜낼 수 있으면 1,000달러를 주겠다는 것이었다.

계속하여 힘을 자랑하려는 남자들이 단상에 올라갔지만, 모두 실패를 했다. 마지막으로 어딘가 모르게 약해 보이는 한 남자가 단상으로 올라왔다. 그는 힘센 남자로부터 레몬을 받아 들고 그 레몬에서 아주 쉽게 두 방울이나 즙을 짜냈다.

상금을 건네주면서 사회자가 물었다.

"당신의 직업은 무엇입니까?"

남자는 대답했다.

"세무서 직원입니다."

최근 조세형평성의 제고와 복지재원의 확보라는 차원에서 지하경제 양성화는 사회적 이슈로 등장하고 있는데, 대부분의 국가에는 검은경제(black economy) 혹은 그림자경제(shadow economy)로 불리는 지하경제 활동이 존재하고 있다.

지하경제란 '보고되지 않은 경제활동과 사회가 공식적으로 계측하는 경제활동에 포함되지 않은 일체의 경제활동'이라는 의미이다. 여기에는 밀수, 마약밀매, 도박, 매춘 등과 같은 불법적인 활동으로 생성되는 경제적 거래가 있고, 또한 세금납부나 정부규제를 피하기 위해 공식적 보고가 이루어지지 않기 때문에 기록이 안되는 경우(과외, 가사대행…)가 있다. 이처럼 지하경제가 성장하는 것은 점점 높아지는 세율과 각종 정부규제의 증가 때문이라는 것이 대부분 학자들의 공통된 견해이다.

그런데 지하경제는 건전한 국가경제에 부정적인 영향이 더 크다 할 수 있는데, 전체 국가단위의 생산성 저하, 조세부담의 불공평성 심화, 사회적 불평등 및 위화감 조성, 사회적 안전망의 파기, 부정확한 통계에 따른 경제정책의 시행착오, 경쟁의 교란 등 국가경제와 사회전반에 끼치는 해독이 너무나 광범위하고 심각하여 이러한 지하경제에 대한 적절한 차단이 없이는 국가사회의 존립자체가 위협을 받게 된다.

지하경제 규모에 대해서는 정확한 실제측정이 불가능하기 때문에, 이를 정확하게 확인할 수는 없다. 우리나라의 지하경제 규모를 살펴보면, LG경제연구원의 분석에 따르면, 1970년대에는 전체 국내총생산액(GDP)의 무려 27.7%에 달하는 지하경제가 존재했으나 1980년대에는 GDP의 18.3%, 1990년대 들어서는 15.0%에 그치는 등 그 규모가 꾸준하게 줄어들고 있다. 또 현대경제연구원에 의하면, 2012년 기준으로 명목 GDP 대비 지하경제의 비중은 약 23% 내외로 약 290조 원 정도로 추정하고 있다.*

★ 현대경제연구원

한편, OECD 국가의 지하경제 규모는 1999년 GDP 대비 14.2%, 2007년에는 13%로 1.2%p 하락하며, 개도국은 1999년 GDP 대비 29.6%, 2007년에는 26.2%로 나타나 선진국의 약 2배 수준이다. 그리고 세계적으로는 지하경제의 비중이 하락 추세를 나타내고 있다. 이러한 결과로 볼 때, GDP 대비 한국의 지하경제 비중은 선진국(OECD)과 비교해 상당히 높은 수준이므로, 지하경제의 양성화 정책이 지속적으로 추진될 필요가 있다.

우리나라의 지하경제 비중이 높은 이유를 살펴보면,

첫째, 한국의 자영업 비율은 28.8%로 미국 7.0%, 일본, 12.3%, 영국 13.9% 등 주요 선진국에 비해서 매우 높은 수준으로 자영업자의 실제적인 소득 파악이 힘들어 소득탈루율(24.3%)이 높다. 특히 국세청에 따르면 2005년부터 2009년까지 10차례의 기획세무조사를 통해 조사대상이 된 고소득 자영업자의 소득탈루 규모가 약 3조 6천억 원으로 소득탈루율이 48%를 기록하고 있다.

둘째, 우리나라의 국민부담률 증가율이 급증하여 2011년 25.9%를 기록하여, 2000년 22.6% 대비 3.3%p 상승하며 OECD 선진국 중 가장 빠른 증가세를 나타내고 있다. 반면에, 영국의 국민부담률 수준은 매우 높은 수준이지만 2000년 36.4%에서 2011년 35.6%로 하락, 미국도 2000년 29.5%에서 2011년 25.1%로 하락하며, 일본은 2000년 26.6%에서 2010년 27.6%로 1%p 소폭 상승에 그쳤다.

셋째, 한국 사회의 부패 정도를 나타내는 부패인식지수(CPI)는 2008년까지 개선되는 추세를 나타냈으나, 그 이후 하락세를 나타내며 한국 사회의 부패가 더욱 악화되고 있다. 특히, 주요 선진국인 일본, 영국, 미국에 비해 한국 사회의 부패 정도가 매우 심각하여 지하경제의 규모가 커지는 데 일조하는 것으로 분석된다.

넷째, 경기침체로 합법적인 일자리를 구하지 못한 근로자들이 비제도권 일자리로 편입되면서, 근로시간과 처우 관련 규제로 인해 노동비용을 줄일 목적의 불법적인 고용이 지하경제의 규모를 키운다. 또한, 불법 외국인 근로자의 고용은 기업의 탈세 통로가 될 수 있어 지하경제에 포함되기도 한다.★

★ 현대경제연구원, 김민정 연구위원

慈愛자애로운 마음

01

고개를 숙이면 부딪치는 법이 없습니다

조선시대 세종때 집안 좋고 머리가 뛰어나 과거에 장원급제를 하며 우의정까지 지낸 맹사성(孟思誠 1360-1438)은 홍안(紅顔)에 벼슬을 얻은 기고만장하고 안하무인이었습니다. 천하에 보이는 것이 없던 그는 파주(坡州)의 어느 산골에 무명선사(無名禪師)라는 선지식(善智識)이 높다는 소문을 듣고,

"제까짓 중놈이 알면 얼마나 안다고 내가 혼줄을 내줘야지."

라며 경멸의 마음을 품고 그를 찾아가서 평생 동안 지니고 살아야 할 좌우명을 말씀해 달라고 거짓 간청을 했습니다.

무명선사는 미소를 지으며 조용히 타이르듯

"제악막작 중선봉행(諸惡莫作 衆善奉行) 하시지요"

라고 말했습니다. 그는 이미 오만하고 도도한 젊은 벼슬아치의 속마음을 읽고 있었습니다.

맹사성은 불쾌하다는 듯이

"온갖 죄짓지 말고 착한 일 많이 하라는 것은 삼척동자도 다 아는 사실인데 그 따위 것을 장원급제한 나에게 좌우명이라고 가르쳐 주신단 말입니까?"

라고 대꾸했습니다.

노선사(老禪師)는 빙그레 웃으면서

"삼척동자도 다 아는 사실이지만 실천에 옮기자면 팔십 노인도 어려운 법입니다. 대관께서는 백문이 불여일견(百聞而 不如一見)을 아시지요? 그러나 한 경지 더 높이면 백견이 불여일각(百見而 不如一覺)이지요? 백 번 보기보다 한 번 깨우치는 것이 더 나은 것입니다. 또 한 경지 더 높이면 백각이 불여일행(百覺而不如一行)이지요? 백 번 깨우치는 것보다 한 번 실천하는 것이 더 낫다는 뜻이 아닙니까?"

맹사성은 정신이 아찔하여 경건한 자세로 승복하고 훌륭한 좌우명을 내려준 것에 고맙다고 인사하며 평생 잊지 않겠노라 약속을 하였습니다. 노선사는 맹사성 앞에 사발 같은 찻잔을 내놓으면서 기왕 산사에 왔으니 녹차나 한잔 공양하고 돌아가라며 큼직한 청동 주전자를 번쩍 들어 맹사성의 찻잔에 차를 따르면서 먼 산을 바라보시었습니다.

찻잔에 물이 흘러 넘쳐 방바닥에 있던 방석도 책도 젖게 되니 스님의 손목을 붙들고 방안이 엉망이 되었음을 소리쳤으나 노승은 꾸짖듯 근엄하게,

"그대는 어찌하여 작은 찻잔의 찻물이 흘러 넘쳐 방을 망치는 것은 볼 줄 알면서 작은 머리통에 지식이 넘쳐서 인품을 망치는 것은 볼 줄 모르는가?"

하시었습니다.

이 일갈(一喝)에 맹사성은 크게 깨우치고 큰 절을 올리고 밖으로 나가다 낮은 문틀에 머리를 쾅 부딪쳐 눈에 별이 번쩍했습니다. 이때 노승은 머리를 더 낮춰야 부딪힐 곳이 없다고 크게 꾸짖었습니다. 이 일로 맹사성은 크게 깨닫고 한 평생을 청렴결백하게

살았으며, 고향을 방문할 때도 남루한 행색으로 그가 벼슬을 하는지 몰랐다고 한다. 또 그는 세종 13년에 좌의정이 되어 명재상으로 이름을 날렸다.

이러한 국가경영에서 중요한 것은 결국 국민의 마음을 읽고 겸허하게 받아들이며 행동하는 마음이라 할 수 있다.

현대 사회에서 기업에서도 경영자에게 요구되는 능력이나 자질을 한번 살펴보면, 다음의 〈그림〉과 같다. 헬리겔과 슬로컴(Hellriegel & Slocum) 교수는 경영자에게 요구되는 능력으로 전문기술, 대인관계, 의사소통력, 상황판단력을 들고 있다.

그림 | 경영자에게 요구되는 능력

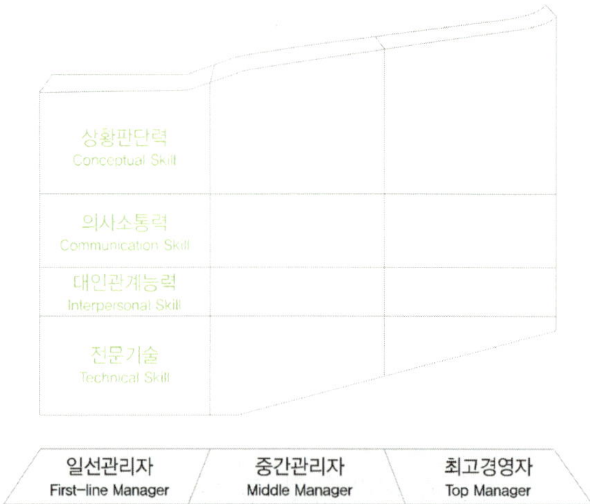

먼저 전문기술(Technical Skill)은 기업 내의 특정분야에서 활용되는 제품 설계, 시장조사, 원가분석, 회계보고, 자금관리, 컴퓨터 프로그램작성 등의 전문분야에 관한 지식으로 현장 관리자일수록 중요한 능력으로 생각된다.

대인관계 능력(Interpersonal Skill)은 과업을 달성하기 위하여 구성원들의 갈등을 해소하고, 나아가 작업성과를 높이기 위한 적절한 동기부여를 제공할 수 있는 능력을 말한다.

의사소통력(Communication Skill)은 조직의 아이디어나 정보 등이 부서간이나 상하 간에 자유롭게 전달될 수 있도록 하는 능력을 말한다. 경영자가 자유로운 조직분위기를 조성함으로써 종업원들은 개인의 창의력을 발휘할 뿐만 아니라 조직의 의사결정에도 적극적인 동참을 유도할 수 있다.

상황판단력(Conceptual Skill)은 점차 복잡하고 치열해지는 경영환경을 분석하고 고객의 욕구와 경쟁상황을 예측하여, 기업의 미래를 위한 정책을 수립할 수 있는 능력을 말하는 것으로, 특히 최고경영자(CEO)들에게 많이 필요한 능력이다.

한편, 이규상 교수의 연구에 따르면 우리 기업의 경영자들에게는 〈그림〉에서 보는 것처럼, 경영자의 지위가 높아질수록 인성과 경영능력에서 요구되는 면이 달라짐을 알 수 있다. 즉, 가로축을 인격과 인성으로 보고 세로축을 지식과 경영능력으로 보았을 때, 현장 관리자에게는 경영학의 각론적인 지식과 컴퓨터 조작 등의 기능과 외국어 실력이 요구된다. 중간경영자는 이외에 업무 집행 능력과 정보관리 및 인화와 창의성이 중요한 능력으로 포함된다.

최고경영자에게는 전략수립과 책임감이 중요한 능력으로 대두되며, 끝으로 그룹을 이끄는 회장은 사명감이나 역사의식을 바탕으로 논리적인 분석을 초월한 개인의 직관이나 경험에서 오는 지혜가 중요한 능력으로 분석되었다.

그림 | 인성과 경영 능력

그동안 우리 기업의 성공요인에는 삼성의 이병철 회장이나 현대의 정주영 회장 같은 CEO의 능력과 자질이 크게 작용하여 왔다. 성공한 기업의 경영자 자질로는 인간중시, 솔선수범, 강한 집념과 소명의식(Mission), 원만한 대인관계 등을 생각할 수 있다. 반면에 우유부단함, 종업원에 대한 비인격적인 대우, 상황대처 능력의 부족 등은 실패한 기업에서 볼 수 있는 경영자의 태도라 보인다.

이와 같은 경영자 능력 교육을 위해 국내 각 대학들이 기업의 최고경영자를 비롯한 임직원과 국가 및 공공단체의 정책 담당자들에게 필요한 실무 및 경영 지식을 제공하고 인적네트워크 강화를 목적으로 최고경영자 또는 최고관리자 과정을 지속적으로 운영해오고 있다. 그리고 수년 전 어느 조사기관이 실시한 국내 대기업과 중견기업들 500명의 사장을 대상으로 조사한 「우리나라 사장들의 직무관」에 의하면, 21세기 최고경영자에게 필요한 능력으로는 예견력(37.1%), 지도력(27.9%), 전문지식(17.1%), 기획력(16.4%), 결단력(16.4%), 건강 및 체력(12.9%), 객관적 안목(11.4%), 섭외능력(4.3%), 자금조달능력(2.1%) 등을 들고 있다.

02
올빼미와 행복 경영

첫째는 아주 약고, 둘째는 보통이고, 셋째는 좀 덜 떨어진 세 친구가 있었다. 세 친구가 북한산 등산을 마치고 내려오던 중에 올빼미 한 마리가 나무 위에 앉아서 놀랍게도 이들에게 말을 하기 시작했다.

"피로에 지친 친구들! 여러분들의 우정이 보기 좋아 제가 여러분의 각자 소원을 한 가지씩 들어드리지요."

아주 약은 친구가 먼저 소원을 말했다.

"난 보릿고개가 없는 부자가 되고 싶습니다."

"그 소원을 들어 드리겠습니다."

올빼미가 말하자 그 친구는 즉시 집으로 돌아갔고 큰 부자가 되었습니다.

이어 보통의 친구가 말했습니다.

"난 이 세상에서 가장 아름다운 여자와 결혼하고 싶습니다."

"그 소원도 들어 드리겠습니다."

올빼미가 말하자 그 친구도 즉시 집으로 돌아가 아름다운 여자와 결혼하게 되었습니다.

이어 좀 덜 떨어진 친구의 차례가 되었습니다.

이 친구는 주위를 두리번거리며 돌아보더니 하는 말,

"친구들이 없으니 외로워서 못 견디겠습니다. 그 친구들을 이 자리로 다시 되돌려주세요."

건강하게 살려면 이웃이 건강하게 살도록 도와주어야 합니다. 우리의 생은 우리가 남에게 어떤 영향을 주는 정도로 측정할 수가 있습니다. 각자의 복지는 다른 사람들의 복지와 연결되어 있으니까 행복하기를 원하는 사람은 남을 행복하게 해주어야 할 것입니다. 그렇다면 행복은 도대체 어떻게 이루어질까요? 다음 그림에서 보듯이 개인의 행복(삶)은 크게 세 가지로 이루어질 수 있다고 생각됩니다.

그림 | 개인의 행복 구성 요소

두뇌를 통한 '지혜'는 행복의 원천을 만들 수 있습니다. 이러한 지혜는 지식을 쌓으며 많은 대화와 여행 등의 경험도 하면서, 생각을 많이 함으로써 쌓을 수 있습니다.

그리고 몸이 '건강'하여야 행복해 질 수 있습니다. 육체적인 운동을 통하여 건강을 증진하고, 평온하게 나눌 수 있는 넉넉한 마음을 가진다면 더욱 건강해질 수 있게 됩니다.

마지막으로 '겸허'한 마음은 행복을 완성하는데 결정적인 요인이라 생각합니다. 20대까지는 올곧으며 정직(더하기 생각, +)하게 살고, 40대까지는 상승하며 도전적이고 역동적(곱하기 생각, ×)으로 살며, 60대까지는 지금까지 본인이 가진 능력이나 재원을 주변과 더불어 나누며(나누기 생각, ÷)으로 살고, 마지막으로 80대까지는 이제까지 모아 온 것을 버리며(빼기 생각, −) 살아가면, 겸허한 마음을 가지는 데 크게 도움이 될 것입니다.

그런데 최근 영국에서 진행한 한 연구에서 여성이 철드는 나이가 평균 32세에 비해 남성은 그에 비해 11년이나 늦은 43세인 것으로 나타났다고 합니다. 세월이 약인가 봅니다.

03
쾌락과 스트레스

예술과 외설의 차이는 무엇일까?

- 눈물이 나면 예술이고, 군침이 돌면 외설이다.
- 보고 마음(心)에 변화가 생기면 예술이고, 몸(身)에 변화가 생기면 외설이다.
- 처음부터 봐야 이해가 가면 예술이고, 중간부터 봐도 상관없으면 외설이다.
- 감정이 상반신으로 오면 예술이고, 하반신으로 오면 외설이다.
- 자막을 봐야 하면 예술이고, 자막이 필요 없으면 외설이다.

정신의학에선 인간이 느끼는 쾌락은 대략 다행감(多幸感)에서 의기양양(意氣揚揚), 고양(高揚), 황홀경(恍惚境)까지 몇 단계로 구분하며, 후자로 갈수록 쾌락의 강도가 강하다고 한다.

다행감(euphoria)은 좋은 일이 있을 때 보통 사람들이 느끼는 강렬한 기쁨을 뜻하며, 의기양양(elation)은 기쁜 나머지 무의식적인 근육의 수축까지 동반되는, 이른바 환호성과 쾌재가 자기도 모르게 튀어나오는, 보다 강력한 단계의 쾌락이다. 고양(exaltation)은 다행감과 의기양양의 쾌락에다 마치 자신이 세상을 다 얻은 듯한 과대망상적인 기쁨이 덧붙여진, 약간은 병적인 단계의 쾌락이다. 가난한 실직자가 재벌 회장이라도 된 듯이 행동하는 조증(躁症) 환자의 쾌락이 여기에 해당한다. 황홀경(ecstasy)은 인간이 느낄 수 있는 최고의 기쁨으로 무아지경(無我之境)으로도 불린다.

황홀경을 느낄 수 있는 경우는 다음의 3가지다.

첫째는 종교적 체험으로, 보통 사람의 신앙심으론 거의 불가능하다. 둘째는 마약이다. 좋긴 하지만 금단증상과 내성 등 걷잡을 수 없는 후유증에 시달려야한다. 셋째는 섹스할 때 얻는 오르가즘이다. 불과 수초 남짓한 기쁨이지만 보통 사람들이 가장 손쉽고 확실하게, 그리고 가장 안전하게 얻을 수 있는 황홀경이다. 그러나 모든 사람이 섹스의 기쁨을 누리는 것은 아니다.

미국에서 조사한 자료에 따르면, 18세 이상의 남성중에서 적게는 1천만 명에서 많게는 2천만 명이 발기부전이고, 40세에서 70세까지 미국 남성의 52%가 발기부전 환자라고 한다. 성인 남성 3명 중 2명이 조루 증세로 고민하고 있으며 성인 여성 2명 중 1명이 오르가즘을 경험해본 적이 없다는 보고도 있다. 남성의 발기부전과 조루, 여성의 불감증 등 성기능장애 환자는 갈수록 늘고 있다.

여기에는 여러 가지 이유가 있다.

첫째는 날로 점증하는 현대인 특유의 스트레스다. 스트레스는 섹스의 천적이라 불릴 정도로 성적 만족을 반감시키기 때문이다. 섹스는 고도로 정교하게 이뤄지는 자율신경의 오케스트라다. 인간이 성적으로 흥분하면 반사적으로 음경에 혈액이 몰려드는 발기가 유도된다. 발기를 관장하는 자율신경은 부교감신경이다. 알다시피 부교감신경은 심신이 이완될 때 작동되는 자율신경이다. 그러나 오르가즘을 느끼기 위한 사정(射精)은 흥분할 때 작동되는 교감신경이 맡는다. 발기와 사정 모두 인간의 의지와는 상관없이 이뤄지는 데다 서로 반대되는 자율신경이 부교감신경에서 교감신경으로 부드럽게 전환되어야 하므로 조금만 삐끗해도 성적 만족을 얻을 수 없다. 스트레스로 콩팥 옆에 위치한 副腎에서 아드레날린이란 호르몬이 과잉 분비되면 부교감신경을 억제해 발기 자체가 봉쇄된다. 섹스에 강한 사람은 신경이 강한 사람일뿐 흔히 알고 있듯 건장한 체격의 소유자가 아니다.

둘째는 원시인과 달리 현대인의 섹스는 따져야할 것이 많다. 흔히 성 개방시대라고 하지만 여전히 일부일처제의 원칙은 강력하게 지켜지고 있다. 혼외정사라면 들키지 말아야한다. 자칫 혼인빙자간음죄나 간통죄로 쇠고랑을 찰 수도 있다. 원하지 않는 임신이나 에이즈 등 성병도 걱정해야한다. 이것저것 용케 피해 나갔다 하더라도 죄의식에선 자유롭지 못하다.

셋째는 현대인의 혈관이 부실해지고 있다는 것이다. 섹스를 지휘하는 것은 자율신경이지만 실제 섹스가 이뤄지기 위해선 혈관이 나서야한다. 발기란 평소보다 5배나 많은 혈액을 수십 분 동안 혈관 속에 압축시켜 저장하는 생리현상이다. 불과 0.3mm의 직경을 지닌 음경 동맥으로선 고된 작업이 아닐 수 없다. 당뇨와 비만, 고혈압, 고지혈증, 동맥경화 등 갈수록 늘고 있는 성인병은 모두 음경 동맥에 직격탄을 날려 발기부전을 유도한다.

넷째는 다소 엉뚱하지만 인터넷의 확산을 꼽을 수 있다. 인터넷을 통한 음란물의 범람으로 남성들이 갈수록 성적으로 취약해지고 있기 때문이다. 사이버 공간을 통한 엿보기로의 탐닉은 현대판 거세라 할 만큼 실제 여성 앞에선 고개가 수그러드는, 초라한 남성들을 양산하고 있다.

어느 의과대학에서 서로가 최고라고 여기는 두 학생이 있었다. 이 둘은 1학년 때부터 학과의 톱을 다투던 우수한 학생들이었다. 하루는 두 학생이 병원복도를 걷고 있는데 한 남자가 고통스러운 표정으로 허리를 숙이고 엉거주춤 걸어왔다.

한 학생이 말했다.

"분명히 디스크야!"

다른 한 학생이 머리를 설레설레 흔들며 말했다.

"천만에! 류머티스 관절염이 틀림없어!"

서로 자신의 의견이 옳다고 옥신각신하는 그들에게 그 남자가 다가오더니 아주 힘겨워하며 물었다.

……

"저 화장실이 어디죠?"

요즘처럼 사회가 빠른 속도로 성장을 거듭해오면서 우리의 생활은 매우 편리하고 다양한 욕구를 충족시킬 수 있다. 그러나 과연 이러한 풍요로움이나 성장이 과연 우리 삶의 질(Quality of Life)을 만족할 정도로 충족시키는가에 대해서는 쉽게 긍정적인 대답을 하지는 못할 것이다. 왜냐하면 모든 성장의 발단은 경쟁이라 볼 수 있으며, 우리는 매일 이런 경쟁 속에서 살고 있다. 특히 요즘처럼 어려워진 기업조직에서 군살빼기가 강화되면서 바쁘고 복잡한 업무에 쫓기는 샐러리맨들은 자주 조직에서의 자신을 돌아보기도 한다. '내가 다른 사람에 비해 능력이 떨어지지나 않나', '나도 혹시 감원 대상에 올라있는 것은 아닐까' 등등. 한편 경영자들도 빈번한 경영전략회의, 잦은 출장, 고객과의 면담, 오너기업가의 심중파악, 정치인 등 각종 압력단체와의 원만한 관계유지, 노사문제 해결, 은행과의 관계, NGO 같은 단체와의 조화로운 관계 등등으로 심한 스트레스를 받고 있다.

심리학자들은 이러한 열등감은 누구나 조금씩 가지고 있다고 말한다. 지나친 열등감은 불만, 우울, 걱정, 고통, 희생, 등의 결과인 소위 스트레스로 이어져 지나치면 질병이나 삶의 회의를 가져와

자살까지 일으킨다. 특히 경기가 침체되면 전문경영자들이 스트레스에 따른 신체의 이상증세를 치료하기 위해 병원을 찾는 발길이 잦아지게 된다. 그런데 심리학자들은 이런 스트레스가 오히려 자신을 발전시킬 수 있는 좋은 기회로 작용할 수도 있다는 것이다. 즉, 스트레스에는 아래의 그림에서 보는 것처럼 우리 인간에게 보다 즐겁고 건설적이며 건전한 반응을 통하여 어떤 일을 훌륭하게 해낼 수 있거나 창의적인 해결책을 강구할 수 있는 원동력을 제공해주는 유스트레스(Eustress)와 우리 인간의 감정을 불쾌하게 하거나 병을 유발시킴으로써 작업능률이나 의욕 및 사기 등을 감퇴시키는 디스트레스(Distress)가 있다. 우리는 흔히 스트레스라고 하면 특히 일과 관련해서는 우리 인간에게 좋지 않은 것이라고 생각하는, 즉 후자의 디스트레스만을 지칭한다.

그림 | 스트레스

그런데 적당한 스트레스는 삶의 촉진제가 된다고들 하지요. 또 삶에 있어서 풀리지 않는 숙제를 갖고 있는 사람들의 애착이 그렇지 못한 이들보다 더 강하다고도 합니다. 어쩌면, 삶에 있어서의 고난은 그것이 아픔과 고통일지라도 애써 일어나 걸어가게 하는 생존의 이유일 수도 있습니다. 따라서 복잡해지는 현대사회에서 보다 즐겁고 행복하며 건강한 삶을 즐기기 위해서는 우리 주위환경에서 많이 접하게 되는 여러 디스트레스 요인들을 자기발전이나 향상의 원동력인 유스트레스로 변화시킬 수 있는 좋은 기회라고 생각하면 좋을 것이다. 우리 학창시절에 대부분 겪는 일로써, 자기가 좋아하는 선생님이나 담임선생님이 가르치는 과목은 시키지도 않는 데 다른 과목에 비해서 열심히 공부하고 좋은 성적을 얻으려고 노력하는 것은 좋은 예가 될 수 있겠다.

아무튼 조직에서 스트레스를 줄이기 위해서는 먼저 기존의 의식구조부터 바꾸는 것이 좋겠다. 즉, 일과 관련해서 생각해 보면, 어차피 회사에서 받는 봉급으로 살아간다면 윗상사나 조직이 요구하기 이전에 웬만한 일들은 본인 스스로 알아서 하는 것이 보다 즐겁고 도전적이 될 것이다. 또 그 일을 무사히 마치게 된다면 자신감과 성취욕이 생겨 자신에 대한 만족감이 높아져 유스트레스를 가져오게 될 것이다. 그리고 가정이나 일반 사회생활에서도 내가 해야 할 일을 먼저 찾아서 노력하고 문제해결을 위한 창의성을 발휘한다면 다른 가족이나 남으로부터 칭찬도 들을 수 있으며, 또 여유가 생겨서 다른 가족이나 남에게 도움도 줄 수 있는 유스트레스가 될 것이다. 결국 우리의 생활에서 받게 될 디스트레스를 가급적 유스트레스로 전환해서 생각할 수 있는 사고의 전환이 성취동기 유발이 강한 삶으로 이어져 행복해 질 수 있을 것이다. 이러한 유스트레스를 높이기 위해서는 육체적으로도 건강할 수 있는 자기만의 규칙적인 노력이 함께 병행되어야 할 것이다. 이것은 바로 '건강한 신체에 건전한 정신'이 깃들 수 있기 때문이다.

끝으로, 전문가들이 제시하는 디스트레스를 줄이기 위한 방안을 소개하면 다음과 같다.

- 독신생활을 피한다.
- 일정을 빡빡하게 짜지 않는다.
- 생활에 변화를 준다.
- 두통이나 위통의 증상을 메모한다.
- 하루 30분 이상 규칙적인 운동을 한다.
- 사물을 긍정적으로 해석한다.
- 많이 웃는다.
- 성생활을 소홀히 하지 않는다.

04
느리게 사는 즐거움

《로마의 휴일》이라는 영화에서 미모를 뽐냈던 '오드리 햅번'이라는 세기적인 배우는 UNICEF(국제연합 아동기금)의 친선대사로 세계 오지를 다니며 병들고 굶주린 아이들을 돌보는 아름다운 마음과 행동으로 전 세계인을 감동시켰다.

그녀는 다음과 같은 유명한 명언을 남겼다.

> "아름다운 입술을 가지고 싶으면 친절한 말을 하라. 사랑스런 눈을 갖고 싶으면 사람들에게 좋은 점을 봐라. 날씬한 몸매를 갖고 싶으면 너의 음식을 배고픈 사람과 나누어라."

어니 J 젤린스키의 '느리게 사는 즐거움(Don't Hurry, Be Happy)'에 이런 말이 나온다.

> "우리가 하는 걱정거리의 40%는 절대 일어나지 않을 사건들에 대한 것이고, 30%는 이미 일어난 사건들이고, 22%는 사소한 사건들이며, 4%는 우리가 바꿀 수 없는 사건들에 대한 것들이다. 나머지 4%만이 우리가 대처할 수 있는 진짜 사건이다. 즉 96%의 걱정거리가 쓸데없는 것이다."

나는 고민거리를 오직 두 가지로 나눈다. 내가 걱정해 해결할 수 있는 고민과 해결할 수 없는 고민이다. 내일 비가 오면 어떻게 하나? 우산을 준비하면 된다. 비를 멈추게 하는 것은 당신 능력의 한계를 벗어난다. 그것은 신의 영역이다. 신의 영역에 속하는 문제는 신에게 맡겨라. 그리고 오직 당신이 걱정해 풀 수 있는 문제들만 고민하고 해결책을 찾아라.

나는 낙관론자도 아니고 비관론자도 아니다. 그저 고민의 핵심을 정확히 스스로 파악해 문제를 해결하는 데만 노력하는 쪽이다. 당신에게 어떤 고민이 있다고 치자. 머리를 싸매고 며칠 누워 있으면서 걱정을 하면 문제가 해결되는가? 조용한 바닷가로 가서 며칠을 쉬면 방법이 생각나는가? 전혀 그렇지 않다.

어떤 문제에 대해 우리가 생각할 수 있는 시간은 10분도 안 된다. 무슨 걱정거리가 있건 그것을 종이에 적어보라. 틀림없이 서너 줄에 지나지 않는다. 그 몇 줄 안 되는 문제에 대해 10분 안에 해답이 나오지 않으면 그것은 당신으로서는 해결할 수 있는 고민이 아니다. 그런데도 그 10분을 당신은 질질 고무줄처럼 늘려가면서 하루를 허비하고 한 달을 죽이며 1년을 망쳐 버린다. 머리가 복잡하다고 하면서 말이다. 하지만 사실은 해결방안도 알고 있으면서 행동에 옮기는 것을 두려워하는 경우가 대부분이다.

실직을 당한 친구가 있었다. 살아갈 길이 막막하다고 몇 개월을 고민하고 술에 취해 있는 모습을 보았다. 고민의 핵심은 간단하다. 취직이 안 된다는 것이다. 왜 안 될까? 경제가 어려워서? 천만의 말씀이다. 핑계를 외부에서 찾지 말라. 채용할 만한 사람이 아니기 때문이다. 그렇다면 해결책이 나온다. 채용할 만한 사람으로 탈바꿈해야 한다.

앤드루 매터스는 '마음 가는대로 해라'에서 이렇게 말한다.

> "새벽에 일어나서 운동도 하고 공부를 하고 사람을 사귀면서 최대한으로 노력하고 있는데도 인생에서 좋은 일은 전혀 일어나지 않는다고 말하는 사람을 나는 여태껏 본 적이 없다."

나는 올빼미 체질이어서 늦게 자기에 새벽에 일어나지는 않지만 그의 말을 믿는다.

고민이 많다고 해서 한숨을 쉬지 마라. 고민은 당신의 영혼을 갉아먹는다. 문제의 핵심을 정확히 파악하고 해결책을 찾아 그대로 실행하라. 해결책이 보이지 않으면 무시하라. 고민을 하나 안 하나 결과는 똑같지 않은가. 그러므로 고민은 10분만 하라.

홍병식 박사는 일상생활에서 행복을 찾는 방법에 대하여 다음과 같이 추천하고 있다.

1. 두려움은 당연하다. 숨기지 마라.

스코트 펙은 말한다.

"두려움이 없는 것은 뇌 손상의 증거다."

두려운 곳에 길이 있다. 비행기가 이륙할 때에는 공기 저항을 받는다. 비행기는 공기 저항이 있기 때문에 하늘을 날 수 있다.

'체중 감량을 하다 쓰러지지 않을까?'
'금연을 하다가 친구를 잃지 않을까?'
'술을 끊는 일로 사업상의 불이익을 당하지 않을까?' 등등…….

그러나 잃는 것이 있다면 얻는 것은 더 많다는 것을 기억하라.

2. 핑계를 버려라. 가장 먼저 정복해야 할 습관은 "탓"이다.

버나드쇼는 '연애에 대하여 어떤 바보라도 시작은 할 수 있지만, 천재만이 성공적으로 끝을 낼 수 있다'라고 하듯이 선택과 성공에는 오직 한 가지 이유만 존재하지만 실패에는 수천수만 가지의 변명이 따른다.

'친구 탓'
'환경 탓'
'부모 탓'
'날씨 탓'
'건강 탓'…….

습관을 정복하려면 결국 버려야 하는 것은 「탓 증후군」이다.

3. 긍정적 사고로 나아가라. 생각이 해답이다.

습관이란 내가 진리라고 믿는 생각의 결정체다. '자살'도 거꾸로 읽으면 '살자'가 된다. 하루야마 시게오는 "좋다 될 것이다. 할 수 있다"는 사람의 의욕 고취, 인내력과 창의력 강화, 건강증진에 도움을 준다고 주장한다. 몸무게를 빼겠다는 목표보다 나의 몸에 안

식년을 선포하고 금식보다 몸의 "대청소의 날"이라 선포해 보라. 한결 의미가 있어지고 쉬워진다.

4. 쉬운 것부터 단계를 따라 구체적으로 시도해라.

1km를 가는 것은 시련이고 1m를 가는 것은 어렵지만 1cm 를 가는 것은 식은 죽 먹기다. 금연을 위해서라면 점차 개비 수를 줄여 나가는 것은 물론 니코틴 함량이 낮은 담배로 서서히 옮겨가 금단증상을 충분히 극복한 뒤 끊는 것이 지혜롭다. 몸무게를 뺀다고 말하는 것은 의미가 없다. 이번 5월까지 5kg을 빼겠다는 따위의 구체적인 목표를 정하는 것이 중요하다.

5. 일곱 번만 해라. 길게 잡지 마라.

작심삼일이라 한다. 그러나 그것도 일곱 번만 하면 21일이 된다. 21일이면 계란도 생명으로 부활한다. 모든 병뚜껑은 주름(크라운)이 21개다. 피라미드의 원리에 따라 가장 견고한 밀봉상태를 가지게 되어서다. 새로 태어난 아이도 세이레가 지나 외출이 허용되었다. 면역체계의 생성 때문이었다. 평생 동안 술을 안 마시겠다는 것보다 단지 오늘 하루만 절주하자고 다짐해라. 성공의 열쇠는 오늘 하루에 있다.

6. 그 날 그 날이 첫 날이 되게 하라.

내가 헛되이 보낸 오늘 하루란 어제 죽어갔단 사람들이 그렇게 가지고 싶어 했던 내일이었다. 그토록 소중한 한 날로 맞이해라. 그래서 매일 매일 새롭게 시작해라.

날마다 새로운 결심으로 다짐한다면 이루지 못할 약속은 없다.

오늘이 새로 시작하는 날이다.

「아침운동」의 첫날이다.
「행복 경영」의 첫날이다.
「TV 안보기」의 첫날이다.

매일 그렇게 다짐해라. 첫날은 누구에게나 의욕을 가져다준다.

7. 소문을 내라. 그래서 울타리를 쳐라.

소문을 내라. 혼자 한 약속은 깨지기 쉽다.

내가 무엇을 하는지 많은 사람들이 알고 나면 체면 때문에라도 행동하게 된다. 따라서 주변 사람들은 감시견(watch dog)으로 활용하는 것이야말로 가장 좋은 지혜다.

켄 블랜차드(Ken Blanchard)는

"말하지 않은 좋은 생각은 좋은 생각이 아니다."

라고 했다.

떠들어라. 자녀들과 동료들 앞에 외쳐라.

'아침 운동을 시작했다'
'큐티(Q.T)를 하기로 했다'
'영어공부를 시작했다'

8. 스스로 깨라. 기다리지 마라.

알도 스스로 깨고 나오면 생명이 되지만 남이 깰 때까지 기다리면 계란 후라이밖에 안 된다. 습관을 정복할 수 있는 사람은 나 밖에 없다.

남이 나를 깨뜨릴 때까지 기다리지 마라.

'다들 한다.(He can do. She can do)'

그렇다면

"why not me.(나라고 왜 못해)"

라고 외쳐라.

나를 이기고 나면 세상이 두렵지 않다.

이번 6개월 동안

'행복 습관을 실천하겠다'

고 다짐해라.

9. 자기 목표가 표준이 되게 해라. 비교하지 마라.

주디 갈랜드(Judy Garland)가 이런 말을 했다.

"다른 사람을 쫓아 2인자가 되지 말고, 자기 자신에 충실한 1인자가 되어라."

남의 기준에 끌려가지 말고, 나의 기준을 다른 사람들의 표준이 되게 해라. 남이야 어떻게 하든 신경 쓰지 마라. 사람마다 체질이 있듯이 모든 게 같은 수 없다.

누가 1개월 만에 7kg을 뺐다든지 하는 말을 절대 믿지 마라. 나에게는 나의 길이 있을 뿐이다.

10. 성공했을 때 가만있지 마라. 보상해 주어라.

휘트니 휴스턴(Whitney Houston)이 노래하는 것처럼 진정으로

"자기 자신을 사랑하는 것을 배우는 것이 세상에서 가장 위대한 사랑이다."

습관을 정복한 자신을 자랑스럽게 만들어라. 스스로에게 평소에 갖고 싶었던 물건을 사주어라. 좋아하는 물건도 괜찮다. 또는 수집하는 물건이면 더욱 좋다.

11. 한번 실패했다고 포기하지 않는다. 다시 시작해라.

넘어지는 것은 수치가 아니다. 하지만 그 자리에 누워 불평하는 것은 수치다.

오스왈드 에이버리가 이런 말을 했다.

"넘어질 때마다 무엇인가를 주워라."

실패는 시행착오라는 교훈을 통해 혁신으로 비약할 수 있는 자신이다. 다시 담배를 피우게 됐더라도 패배라고 여기지 말고 성공을 거두기 위한 작은 후퇴로 생각하고 다시 시작하라. 재차 시도할 때는 성공할 가능성이 훨씬 높다.

12. 사람을 사귀어라. 사람이 습관이다.

다른 사람과의 접촉을 늘려라. 생각과 생활방식이 나와 다른 사람들과 만남을 많이 갖는 것이 좋다. 만남은 사고의 폭을 넓혀 주며 삶의 의욕을 불어넣어 줄 것이다.

좋은 습관은 좋은 사람들과의 교제에서 온다. 성공한 사람에게는 성공 습관이 있다. 바로 그것을 놓치지 마라. 만날 때마다 한가지씩은 찾아보아라. 사람에게서 받는 도전이 제일 좋은 도전이다.

05
'경영의 神신'을 향하여

말단 점원에서 시작하여 일본 최고의 갑부가 된 '경영의 신(神)' 마쓰시타 고노스케(松下 幸之助)는 단순한 기업인이 아니라, 뛰어난 발명가였고, 일본인에게 최고의 스승이며 사상가였다. 일본의 어머니들은 아이들에게 "마쓰시타를 배워라'고 가르치며, 기업인들은 그의 경영이념을 '마쓰시타이즘'이라 부르며 기린다.

마쓰시타는 새로 뽑은 사원은 일정 기간 의무적으로 기숙사에서 생활하도록 하였다. 그곳에서 마쓰시타 부부는 신입사원의 양부모가 되어 그들을 돌보았는데, 특히 그의 부인은 아픈 사원이 있으면 죽을 쑤어 주며 손수 간호했다. 신입사원들은 이렇게 보살핌을 받으면서 회사를 마치 대가족이 함께 생활하는 공간처럼 생각하게 되었다. 그런데 그 가운데 한 사원은 유독 웃는 일이 거의 없고 얼굴을 찌푸리고 다니는 날이 많았다. 처음에는 몸이 아픈 줄 알았는데, 그와 얘기를 나눠 본 마쓰시타는 그가 왁자지껄한 기숙사 생활을 못마땅해 하고 매사에 비관적인 생각으로 가득 차 있음을 알았다.

그날 마쓰시타는 사원들이 모두 모여 저녁을 먹는 자리에서 이런 말을 꺼냈다.

"감옥과 수도원의 공통점은 세상과 고립되어 있다는 점입니다. 그러나 감옥과 수도원의 차이점은 불평을 하느냐, 감사를 하느냐는 것뿐입니다. 그러니 감옥이라도 감사를 하면 수도원이 될 수 있습니다."

마쓰시타는 이 말을 하면서 한 사원을 뚫어지게 쳐다보았다. 마쓰시타의 시선을 받은 그는 밥을 먹는 동안 깊은 생각에 잠긴 듯했다. 그리고 다음날부터 그 사원의 얼굴에 웃음이 보이기 시작했다. 그제야 마쓰시타는 안도의 한숨을 내쉬며 다른 사원들에게 불편한 점이 없는지 또 살피기 시작하였다.★

봉재완구 분야에서 큰 획을 그은 정석주 사장은 《30년 흑자경영》에서 30여년 사장을 하면서 회사에서 가장 중요한 인재군 가운데 하나인 디자이너들에게 바라는 부분을 정리하였다. 이는 디자이너 뿐만 아니라 전문가를 지향하는 모든 분들이 새겨들을 만한 지적이라 생각하며 소개한다.

1. 끈기와 노력, 그리고 자긍심을 가져라.

"게으른 천재는 노력하는 둔재를 이기지 못한다."라는 말이 있듯이 꼭 해내고야 말겠다는 끈기를 가지고 모든 것을 다 바쳐 노력하는 자세가 필요하다.

★ 〈좋은 생각〉

2. 회사는 나에게 무엇을 원하고, 기대하는가?

회사가 나에게 원하고 있는 것이 무엇인지를 명확히 인식해야 한다. 이것을 다른 말로 표현해 본다면 책임의식이라고 할 수 있을 것 같다. 나의 기여도와 책임에 대해 고민하는 자세가 필요하다.

3. 전문가의 근무 시간은 8시간이 아니다.

한정된 시간에만 생각하고, 회사에 출근한 이후에만 아이디어를 구상해서는 성공할 수 없다. 생각은 평소에 하고, 출근한 뒤에는 그 생각을 구체화사키는 실질적 작업을 하는 자세가 필요하다.

4. 모든 것을 자신 일에 결부시킬 정도로 몰입하라.

"미쳐야 미친다."라는 말이 있다. 완구 개발에 미칠 정도가 되어야 탁월함을 얻을 수 있다. 멀리 있는 사람이 강아지나 곰으로 보이고, 내 옆 사람의 스웨터에서 곰 인형 스웨터의 배색을 떠올리는 정도가 되어야 한다. 주변의 모든 것이 완구 디자인과 연결될 정도가 되어야 한다.

5. 창조적 자세를 가져라.

'창조경제'의 창시자인 영국의 경영전략가인 존 호킨스 대표는 '새로운 아이디어를 내놓는 것이 창의성이고, 창조경제는 그 아이디어가 반영된 상품이나 서비스를 사람들이 구매할 수 있도록 하는 것'이라고 정의하듯이, 기존의 관행을 답습하는 안일한 자세에서 벗어나 자신만의 새로운 세계를 창조하기 위한 고통을 감수해야 할 것이다.

6. 자만은 최대의 악이다.

국내외의 다른 회사의 제품과 자신의 개발품을 항상 비교해 보고 자신의 디자인을 보완하면서 늘 배우는 자세를 가지고 세계를 상대로 경쟁해야 한다.

항상 내가 부족하다는 겸손한 자세를 지녀야 한다. 여러 사람들을 대하다 보면 자만과 자신감을 혼동하는 경우를 간혹 접하게 된다.

7. 돈을 너무 중시해서는 안 된다.

돈을 좇는 것이 아니라 자신의 능력을 키울 수 있는 환경과 배움을 먼저 찾으면 자신의 가치가 높아진 만큼 물질적인 성취도 뒤따를 것이다. 급여과 능력에 맞는 대우도 중요하지만 돈 때문에 여기저기 옮겨 다니는 것은 금물이다.

8. 예리한 관찰력과 더불어 부지런함을 갖추라.

나는 완구 디자이너에게 동물원에 갈 것을 권한다. 계절마다 동물원에 가서 그때그때 달라지는 모습들을 깊이 관찰하여 그 내용을 스케치하고, 동물조감을 숙독하며 공부하는 자세는 디자인의 질을 높이는 원천이 될 것이다.

9. 세계적인 대가가 되겠다는 포부를 가져라.

사람도 자신의 가능성을 미리 정해 놓으면 그 이상 뛰어오르기는 힘들다. 자신의 가능성을 열어 놓고 큰 포부를 가짐으로써 세계적으로 인정받는 대가가 되는 꿈을 가져야 한다.

06
눈 먼 검객과 어린 도전자

조선 말기에 '김기화'라는 검객이 있었는데, 그는 당대의 최고수로서 수십 명이 그에게 굴복하였다. 그러나 이 검객은 앞을 못 보는 장님으로, 청각이나 촉각이 고도로 발달하여 상대방의 옷자락 소리, 발소리, 칼바람 소리를 듣고 단칼에 상대방을 제압할 수 있었다.

어느 날 10여 년 전 자신의 칼에 쓰러진 검객의 17세 된 아들이 아버지의 원한을 복수하려고 김기화 검객에게 도전장을 보내왔다. 이 눈 먼 검객은 이 도전장에 과연 어린 아들까지 죽여야 하는가의 심한 고민에 빠졌다. 왜냐하면 도전한 어린 자식의 실력은 아직 자신에는 도저히 비교가 되지 않았기 때문이다. 따라서 김기화는 도전에 응할 것인가, 아니면 비겁하다는 소리를 듣고 도전을 피할 것인가의 갈림길에서 갈등을 하다가 검객으로서 명예와 위신을 지키기 위하여 어린 자식의 도전에 응하기로 결심하였다. 그리하여 마침내 달이 휘영청 밝은 들판에서 두 검객은 칼을 뽑아 들고 마주 섰다.

한편, 어린 자식은 당대 최고수를 이기기 위하여 어떻게 싸울 것인지에 대하여 많은 고민을 하였다. 북이나 꽹과리 등을 동원하여 장님의 청각을 교란하든가 아니면 옷자락 소리를 막기 위하여 발가벗고 싸울까를 생각하였다. 그러나 이런 방법으로는 최고수를 이기기는 힘들다고 판단하여, 마침내 어린 검객은 칼을 가만히 발 위에 놓고 숨소리를 죽였다. 한 시간, 두 시간, 열 시간, 하루 이틀 사흘이 지나서 한사람이 푹 쓰러졌다. 장님 검객이었다.★

왜냐하면 눈 먼 검객은 상대방이 먼저 움직이면 그 소리에 대응하여 잽싸게 칼을 뽑아 이길 수 있는 데, 어린 도전자는 전혀 움직임이 없어 상대방의 움직임에 대한 신경을 청각과 촉각에 집중하여 긴장하다 지쳐 심장마비로 즉사한 것이다.

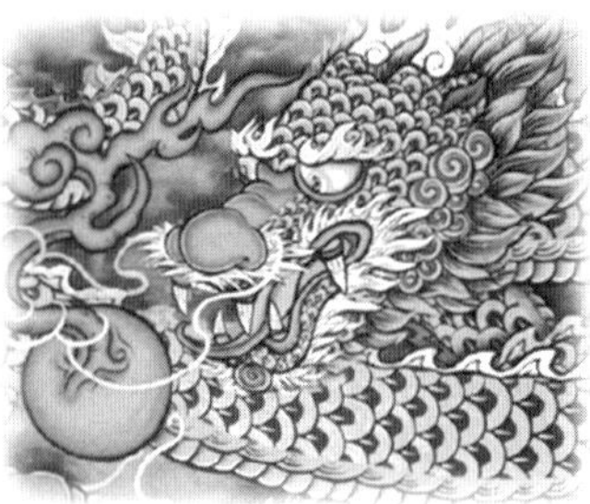

그렇습니다. 급변하는 환경은 기업의 성장에 오히려 좋은 기회가 될 수 있다는 긍정적이고 적극적인 사고와 자세가 필요한 것이다. 전쟁에서는 정전(停戰)이나 휴전(休戰)이 가능하지만, 기업경영에서는 승리하지 못하면 오직 도태뿐이다. 이러한 경쟁의 개념은 고객에게는 다양한 욕구를 충족시켜 주지만, 기업의 입장에서는 가능하면 경쟁을 배제하려고 노력할 것이다. 그러나 현대의 정보사회에서는 어떤 기업도 경쟁에서 벗어나기 어려울 뿐만 아니라, 오히려 생각지 못한 경쟁자들이 곳곳에서 나타나게 된다. 따라서 경영자는 현대사회에서 나타나는 경쟁의 새로운 개념을 다음 그림을 통하여 이해할 필요가 있다.

★ 이광현 교수, 〈경영자의 착각〉

그림 | 경쟁의 새로운 개념

예를 들어, '고려당' 빵집의 주요 경쟁자는 '신라명과' 같은 기존의 경쟁자가 등장할 수 있지만, 시간이 지나면서 빵의 수요 외에 '교촌치킨'이나 '도미노피자' 같은 새로운 먹거리의 경쟁자(신참자)가 시장에 나타난다.

그리고 'KAL 항공'의 주요 경쟁자는 'ASIANA 항공'이지만, 'KTX' 같은 고속철도는 교통수단의 새로운 대체재로서 등장하게 된다. 그 외에 기존의 원료나 재료를 공급해주던 공급업자가 거래처를 제치고 시장에서 새로운 경쟁자가 되기도 하며, 지금까지 제품을 구매해 대규모 소매상이 고객의 수요에 보다 바르게 적응하여 새로운 경쟁자로 등장하기도 한다.

그런데 이런 경쟁에 의하여 좋은 효과도 얻을 수 있다.

우선 경쟁자가 생김으로써 기업의 경쟁력이 향상된다. 경쟁기업의 출현으로 원가절감이나 품질향상 및 서비스의 제고 또는 기술개발에 주력하게 되는 데, KAL 항공사에 대한 ASIANA 항공사의 출현, KT에 대한 SK텔레콤 등은 좋은 사례라 하겠다.

둘째는 경쟁자가 있어서 자신을 차별화 할 수 있다. 경쟁 기업이 없는 경우 소비자는 제품의 가치를 올바로 인식하지 못하고 무리하게 가격을 인하하거나 보다 나은 서비스를 요구하는 경우가 있다.

셋째는 경쟁자가 늘어나면 대정부의 협상력이 커진다. KAL 하나일 때보다는 ASIANA항공이 생김으로써 항공요금의 인상을 추진할 수 있었다.

끝으로, 경쟁기업이 존재하여 시장규모가 확대될 수 있다. 국내의 참치캔 시장을 90% 이상을 석권하고 있던 동원산업은 사조산업, 오양수산, 한성, 진주햄 등의 경쟁기업이 생겨나 시장점유율이 60%대로 떨어졌지만, 경쟁기업의 경쟁적인 광고 덕분으로 참치캔 시장이 매년 70% 이상 성장하여 오히려 매출액은 늘어나고 있다.

한편, 이러한 시장에 진입하기 위해서는 다음과 같은 장벽을 극복해야 한다.

(1) 규모의 경제(Economies of Scale)
(2) 제품차별화(Product Differentiation)
(3) 소요자본(Capital Requirements)
(4) 선점효과(Cost Advantages independent of size)
(5) 유통채널의 접근용이성(Access to Distribution Channels)
(6) 정부의 정책(Government regulation) 등

07
지구본과 자신감

장학사가 학교시찰을 나갔는데, 마침 지구본(地球本)을 놓고 과학수업을 하고 있는 교실이 눈에 띄었다.

장학사가 교실로 들어가서 학생들에게 물었다.

"반장, 지구본이 기울어져 있는 이유가 뭐지?"

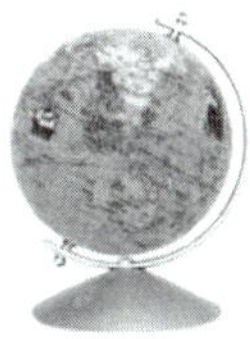

반장이 깜짝 놀라서 손을 내저으며 대답했다.

"저희가 안 그랬어요."

어이가 없어진 장학사가 이번에는 선생님에게 묻었다.

"선생님이 직접 대답해 주시겠습니까?"

선생님이 별일 아니라는 표정으로 대답했다.

"아, 그거요? 처음에 사 올 때부터 그랬어요."

화가 대단히 난 장학사가 지구본을 들고 교장실로 갔다.

"교장선생님, 이 지구본이 기울어진 이유를 아무도 모르더군요."

그러자 교장이 안타깝다는 듯 이렇게 말했다.

"국산이 다 그렇죠 뭐……."

미국에서 자신감 함양의 권위자인 수잔 제퍼즈(Susan Jeffers) 박사는 "Feel the fear and do it anyway.(두려움을 느껴도 밀고 나가라…)"에서 자신감을 높이는 8가지 방법을 열거하고 있는데, 홍병식 박사님은 다음과 같이 소개합니다.

1. 자신의 능력을 믿으라.

새로운 일을 하려면 두려움을 느끼는 것이 정상입니다. 그러나 '어떤 결과가 생기더라도 나는 그것을 감당할 수 있다.'는 마음가짐이 중요합니다. 모든 계획이 마음먹은 대로 된다는 보증은 없습니다. 아직 생기지도 않은 만일의 사태를 두려워하여 할 일을 피하는 태도는 자신감을 높이지 않습니다. 어떤 결과가 생겨도 나는 그 결과를 감당할 수 있다는 말을 하루에 열 번씩 큰 소리로 말하십시오. 결과가 기대한 것과 다르면 '그로부터 교훈을 얻고 나는 더욱 성장할 것이다. 그러면 그 결과는 나를 승리자로 만드는 것 아니겠는가?'는 마음의 태도를 정해야 합니다.

"걱정은 불필요하다"는 다음과 같은 논리가 있습니다.

당신이 병에 걸리면 두 가지만 걱정하면 된다.
"병이 나을 것인가 아니면 병이 낫지 않을 것인가?"

나으면 좋다.

병이 낫지 않으면 두 가지만 걱정하면 된다.
"죽을 것인가 죽지 않을 것인가?"

죽지 않으면 좋다.

죽게 되면 두 가지만 걱정하면 된다.

"천당에 갈 것인가? 아니면 지옥에 갈 것인가? 천당에 가면 좋다."

지옥에 간다면 아는 사람들이 너무도 많아서 인사하고 악수하느라고 너무 바빠서 걱정할 시간이 없을 것이다. 그러므로 걱정하지 말고 살아라.

2. 최선을 다하고 결과를 수용하라.

최선을 다했으면 그걸로 만족해야 합니다. 최선을 다하고 결과를 맞이할 때 그 결과가 기대에 일치하든 안 하든 생에 깊이와 넓이를 더해 줍니다. 맡은 과업에 최선을 다하고 얻는 결과를 수용하면 마음의 평화를 얻게 됩니다. 깊어지고 넓어진 마음으로 새로 시작하는 과업은 더 큰 결과를 보일 것입니다.

3. 불평을 중단하라.

불평은 생의 경험에 대한 책임을 회피하려는 성격의 단서입니다. 장애물을 문제로 보지 말고 기회로 보세요. 장애물은 성장의 과정으로 우리를 인도하는 관문입니다. 우리 모두에게는 선택권이 있습니다. 비참하게 만들 수도 있고 아니면 성장하게도 할 수가 있습니다. 우리 주변의 세상을 감당해 나갈 능력을 기르면 우리는 더 강한 자신감을 갖게 됩니다.

4. 두려운 느낌이 들어도 그냥 밀고 나가라.

"두려운 느낌이 없어지면 행동에 옮기겠다."는 말을 하는 사람들이 많습니다. 그러나 사실은 그와 반대입니다. 행동에 옮기지 않으면 두려움은 없어지지 않습니다. 두려움을 없애는 유일한 방법은 과감히 행동에 옮기는 것입니다. 오랫동안 두렵게 느꼈던 일을 성취하고 나면 그 처지와 연결된 두려움은 영원히 사라져 버립니다. 그 후로부터는 원하는 과업을 실천하는 것이 점점 용이해집니다.

5. 결정을 했으면 '나는 패하지 않는다'는 철학을 굳게 가져라.

내가 결정한 일의 결과가 어떻게 되든지 패자가 되지 않는다는 뜻은 뭐이겠습니까? 그런 마음의 태도는 선택의 결과가 어떻든지 그 결과로부터 배우고 더욱 성장하는 기회로 삼겠다는 태도입니다. 그런 마음의 자세를 가지면 어떤 결과에서도 우리는 승자가 되는 것입니다. "패자가 되지 않는다"는 뜻은 바로 이것입니다.

6. 자신이 중요한 사람이라는 인식을 하라.

누구든지 자신은 차이를 만들 수 있는 사람임을 인식해야 합니다. '내가 중요한 사람이라면 무슨 일을 해야 할까?'는 자문(自問)을 반복하십시오. 중요한 사람이 실천해야 할 일들을 하나하나 적어서 행동에 옮기십시오. 머지않아 자신이 중요한 사람이라는 강한 느낌을 갖게 될 것입니다.

7. 100%의 헌신을 작정하라.

가족이나 친구를 위하는 일이나, 직장에서 일을 할 때나, 대인관계에서나, 사회봉사를 할 때, 적당히 하지 말고 100%의 노력을 기울이십시오. 우리가 100%의 노력을 경주하여 일을 하면, 하는 일이 신나고 참여의 기쁨과 성취의 기쁨이 자리를 잡게 됩니다. 그런 기쁨에서 얻는 행복감은 참으로 영광스럽습니다.

8. '고맙습니다'는 말을 많이 하라.

'고맙습니다'는 말은 우리 인생에서 중요한 연결을 만들어 주는 훌륭한 방법이 됩니다. 대하는 모든 사람에게 고맙다는 말을 많이 하면 분노나 원망심이 없어집니다. '고맙습니다'는 말은 우리가 할 수 있는 가장 강력한 말 중의 하나입니다.

08
미켈란젤로 동기

작업대에 앉아 고개를 뒤로 젖힌 채 천장 구석구석에 정성스럽게 그림을 그리던 미켈란젤로에게 한 친구가 물었다.

"여보게, 잘 보이지도 않는 구석까지 그렇게 정성을 들여 그림을 그릴 필요가 있나? 그렇게 완벽하게 그려봤자 누가 알겠나?"

그러자 미켈란젤로가 무심하게 한마디 던졌다.

"내가 안다네."

이런 내적동기를 '미켈란젤로 동기'라고 부른다. 즉, '미켈란젤로 동기'란 칭찬이나 이익 및 출세 등 겉으로 드러난 보상이 아니라, 성취감 같은 순수한 내면의 에너지를 끌어올릴 수 있는 동기부여를 가리키는 개념이다.* 사람이 외적인 보상을 중시한다면 보상이 사라지는 순간 열정과 흥미도 거품처럼 사라지게 마련이다. 이처럼 '미켈란젤로 동기'를 가진 구성원이 많은 조직은 큰 성과를 낼 수 있다고 한다.

★ 박태일, 〈비즈니스 교양〉

우리는 일상생활에서 다양하고 수많은 욕구들을 가지게 된다. 즉, 배가 고픈 사람은 무엇보다도 밥이나 빵을 먹고 싶은 욕구가 강하고, 고민이나 갈등을 해소하고 싶은 사람은 다른 사람과의 대화나 개인적인 취미나 문화적인 활동을 하고 싶은 강한 욕구를 가진다. 또 어느 정도 성공한 사람은 종종 자신을 내세우거나 남에게 자랑하고 싶은 욕구도 생긴다. 이러한 인간의 다양한 욕구가 삶의 훌륭한 목표가 되기도 하고, 또 한편으로는 지나친 과욕으로 화를 자초하기도 한다.

매슬로우(A. Maslow)에 의하면, 인간은 먼저 부족한 존재로서 이미 충족된 욕구는 더 이상 관심이 없고, 다양한 욕구를 대체로 단순하고 쉽게 달성할 수 있는 낮은 단계에서 높은 단계로 계층화할 수 있다는 것이다. 이처럼 매슬로우가 연구한 인간의 기본적인 욕구를 단계에 따라 충족하려는 심리가 바로 조직에서 동기부여 요인으로 작용할 수 있다는 이론이 욕구단계설(Needs Hierarchy Theory)이다.

이 이론은 그림에서 보는 것처럼 인간의 욕구를 점점 상승적으로 충족시키려고 한다는 것이다.

그림 | 매슬로우의 욕구단계

욕구단계	동기유발 방법
자아실현의 욕구	종업원 몰입, 의사결정에 참여, 직무충실
존경의 욕구	합리적인 고과와 승진, 능력에 따른 직무 부여
사회적 욕구	동료와의 관계, 소속감 고취, 취미 클럽의 활성화
안전의 욕구	안정적 고용, 고충처리, 연금제도, 공정한 징계
생리적 욕구	급여, 복리후생, 성희롱 방지, 직업병 예방

생리적 욕구(Physiological Needs)는 사람이 살아가는 데 가장 기본적으로 필요한 욕구로써 음식, 옷, 주거지, 성, 배설, 공기, 자연환경 등 생물학적인 욕구를 말한다. 보통 동물이나 인간은 이러한 가장 기본적인 욕구에 대하여 가장 강하게 반응한다. 일본에서 지하철역에서 노숙하는 부랑자들이 철거하려는 공무원들에게 결사적으로 방어하는 모습은 이런 인간의 욕구를 잘 반영하는 것이라 하겠다.

인간은 생리적인 욕구가 어느 정도 충족되고 나면 질병이나 고통 및 위협으로부터 안전하거나 조직에서의 해고나 실직에 대한 안정을 추구하고자 하는 안전의 욕구(Safety and Security Needs)가 생긴다. 보험에 가입하는 것이나 많은 사람들이 안정된 직장에서 쉽게 떠나지 못하는 것은 바로 이러한 욕구에서 비롯되는 것이라 할 수 있다.

인간은 빵만으로 살 수 없는 것처럼 앞에서 언급한 욕구들이 충족되면, 단체에 소속되어 다른 사람들과 우정을 나누고 사랑하고자 하는 욕구(Social and Affiliation Needs)가 생긴다. 각종 단체에 가입하거나 사교모임에서 여러 계층의 사람들과 교제를 나누는 것은 이러한 욕구를 반영하는 것이라 할 수 있다. 외국의 학교에서 보면 이러한 단체생활을 어릴 때부터 경험하여 조직생활이나 대인관계를 원만하게 할 수 있는 다양한 훈련이 이런 욕구를 충족시킬 수 있다.

어느 정도 생활이 안정되고 나름대로 인생에서 목표를 달성하고 나면, 자신의 능력이나 성취감으로 스스로 대견스럽고 자신감이 생기며 남들로부터 인정을 받고 싶어 하는 욕구(Esteem Needs)가 생기게 된다. 모임이나 단체에서 감투를 쓰고 싶어 하거나 남으로부터 인정이나 표창을 받음으로써 자신은 사회에서 중요하고, 존경받는 존재가 되고자하는 마음이 생기게 된다.

끝으로 인간에게는 자신에게 잠재된 모든 능력을 통하여 자신이 이룰 수 있는 최고의 목표를 달성하고자 하는 꿈을 실현시키고 싶은 욕구(Self-Actualization Needs)가 있다는 것이다. 예술가는 역사에 길이 기록될 불후의 명작을 꿈꾼다든지 돈을 많이 벌어서 사회에 훌륭하게 써 본다든지 평소 공부에 대한 열망을 장학금으로 기부하는 행위는 이런 인간에 내재하고 있는 자신의 꿈을 실현하고자 하는 욕구에서 비롯되는 것이다. 자칫 이러한 욕구가 비뚤어지면 사회에 크나큰 폐해를 가져올 수 있는데, 히틀러나 사이비 종교의 교주들은 좋은 예라 하겠다. 이러한 욕구가 충족되지 못하면, 공상에 빠지거나 약물의 힘을 빌어서 이상주의를 쫓게 되고, 지나친 경우에는 신경과민증이나 우울증 또는 공주병이나 왕자병 같은 과대망상증에 빠지게 된다.

이러한 욕구는 개개인의 특성에 따라 욕구단계의 중요성이 달라지며, 어느 단계에서 만족하여 더 이상 욕구를 추구하지 않는 경우도 있다. 그러나 일반적으로 대부분의 사람들은 기본적인 욕구가 어느 정도 충족되면 다음단계들에 대한 욕구를 충족하기 위하여 노력하게 된다는 것이다. 이러한 노력이나 행동들을 조직의 특성에 잘 조화시킨다면 훌륭한 동기부여 요인이 될 수 있다는 것이다.

09

마부작침과 하인리히 법칙

시성(詩聖) 두보(杜甫)와 함께 쌍벽을 이루었던 시선(詩仙) 이백(李白)은 어렸을 때 아버지를 따라 촉(蜀)의 성도(成都)에서 성장하였다. 그 때 그는 학문을 대성하기 위해 '상의 산(象宜 山)'이란 곳에 들어가 공부를 하였다. 어느 날 공부에 싫증이 난 이백은 산을 내려와 집으로 가는 도중에 어느 냇가에 이르러 한 노파(老婆)를 만났다. 그런데 노파가 무엇인가를 바위에 열심히 문지르고 있는 지라 이백이 유심히 살펴보니, 그것은 다름 아닌 도끼가 아닌가?

이백은 고개를 갸웃거리다가 노파에게 다가가서 물었다.

"할머님, 뭘 하고 계신 겁니까?"

노파는 쉬지 않고 부지런히 손을 놀리며 대답했다.

"이 도끼를 갈아서 바늘을 만들려고 한단다."

이백은 놀라서 입을 쩍 벌렸다.

'도끼로 바늘을 만들다니?'

다시 물었다.

"그렇게 큰 도끼를 간다고 바늘이 되겠습니까(磨斧作針)?"

노파는,

"암, 되고말고. 중도에 그만두지만 않는다면 되고 말고……."

노파의 대꾸를 들은 이백은 크게 감동하였다. 이윽고 이백은 노파에게 인사를 한 뒤 산으로 다시 올라갔다. 집으로 돌아가려던 생각을 바꾼 것이다. 그 후 이백은 공부를 하다가 정신이 해이해질 때마다 항상 그 노파를 생각하는 마음을 가다듬었다고 한다.

1931년 허버트 윌리엄 하인리히(Herbert William Heinrich)는 미국의 트래블러스 보험사(Travelers Insurance Company)에 엔지니어링 및 손실통제 부서에 근무하면서 산업재해 사례 분석을 통해 하나의 통계적 법칙을 발견하였다. 그것은 바로 산업재해가 발생하여 중상자가 1명 나오면 그 전에 같은 원인으로 발생한 경상자가 29명, 같은 원인으로 부상을 당할 뻔 한 잠재적 부상자가 300명 있었다는 사실이었다. 따라서 하인리히 법칙은 1:29:300법칙이라고도 불리는데, 즉 큰 재해와 작은 재해 그리고 사소한 사고의 발생 비율이 1:29:300이라는 것이다.★

큰 사고는 우연히 또는 어느 순간 갑작스럽게 발생하는 것이 아니라 일정 기간 동안 여러 번의 경고성 징후와 전조들이 있으며, 큰 재해는 항상 사소한 것들을 방치할 때 발생한다는 것이다.

'자동차의 왕'으로 불리는 헨리 포드(H. Ford)는 컨베이어벨트를 처음으로 사용하여 생산비를 절감하고 생산성을 높인 인물로 유명하다. 그런데 그의 자동차 공장에 거대한 발전기 한 대가 있었는데 하루는 이 발전기에 원인 모를 고장이 발생했다. 엄청난 자동

★ 〈두산백과〉

차 수요를 감당하기에도 벅찼던 터라 한시라도 빨리 고장 난 발전기를 수리하고 싶었지만 포드의 바람은 쉽게 이루어지지 않았다. 회사의 전기공들과 수리공들이 모두 매달렸지만 어느 누구도 발전기가 고장 난 이유를 밝히지 못했다.

마음이 다급해진 포드는 고심 끝에 당시 전기 분야에서 최고 기술자로 인정받고 있던 '찰리 스타인메츠'에게 연락을 취했다. 한달음에 달려온 찰리는 발전기 앞에 서서 한동안 이리저리 살펴보더니 준비해 온 망치로 이곳저곳을 두드렸다. 그런데 신기하게도 잠시 뒤 거대한 발전기는 언제 그랬냐는 듯 돌아가기 시작했다.

그런데 며칠 뒤 찰리로부터 수리비 청구서를 받은 포드는 깜짝 놀랐다. 찰리는 발전기를 고친 대가로 1만 달러를 요구하였다. 포드는 아무리 생각해도 찰리의 청구가 지나친 것 같아 "이 청구액은 당신이 발전기를 두드리며 한두 시간 일한 것에 비해 너무 비싼 금액이 아닙니까?"라는 이유서와 함께 청구서를 돌려보냈다. 그런데 다시 답장이 왔을 때 포드는 두말 않고 즉시 만 달러를 송금했다.

'모터를 두드리며 일한 공임(工賃): 10 달러,
어디를 두르려야 할지를 알아낸 기술 값 : 9,990 달러,
합계 : 10,000 달러'

포드는 노동의 가치가 어디에 있는지를 깨달은 것이다.

일찍이 우리 조상들은 여러 과학적인 유물을 많이 남겼지만 고려시대 고종왕 때 몽고의 침략에서 벗어나기 위하여 만들어진 팔

만대장경은 무려 16년간에 걸쳐 약 5천 2백만 자를 목판에 새긴 대불사였다. 이 경이 새겨진 목판은 700여년이 지난 지금도 뒤틀림이나 쪼개짐이 없고, 그 원본이 그대로 보존되고 있다. 게다가 1천여 명이 목각한 5천2백만 자는 오자나 탈자는 물론이고 마치 한사람이 쓴 것처럼 한결 같이 구양순체로 되어 있다는 점은 과학이 발달한 오늘날 도저히 믿기지 않는 불가사의로 지난 1995년 12월 UNESCO의 세계문화유산으로도 등록되었다.

현대 기업의 무결점운동은 1961년 미국의 마틴(Martin)社사가 항공우주국(NASA)의 미사일발사를 성공적으로 수행하기 위하여 5만8천개의 기기검사와 2천6백번의 궤도실험비행에 소요되는 비용을 줄이기 위하여, 보다 비용이 적게 드는 품질관리기법을 강구하게 되었다. 이런 노력의 결과 마틴社사는 같은 해 12월 '퍼싱 미사일'을 아무런 결함없이 '케네디 우주기지'에 납품할 수 있었으며, 미국방성과 마틴사의 검사팀은 마침내 무결점(Zero Defects)에 대한 의미를 되새길 수 있었다.

이후 1963년 ZD개념은 GE社사의 품질관리 부장이던 크로스비(P. Crosby)에 의하여 제조부문뿐 아니라 전 부문의 모든 업무를 결함이 없도록 확대하면서 커다란 성과를 거둘 수 있었다. 따라서 무결점운동은 제품의 질을 높이는 동시에 이에 소요되는 비용을 절감시키는 전사적 품질경영의 한 방법이라 할 수 있다.

한편, 이 ZD개념은 당시 불황에 빠져있던 일본으로 건너가 불황을 극복하고 기업체질의 개선을 위하여, 1964년 일본전기(주)와 일본능률협회가 앞장서 하나의 새로운 운동으로 급속하게 확산되었다. 그 결과, 이듬해에는 전 일본기업의 80%가 ZD운동에 대하여 연구하였고, 당시 일본에서 ZD운동은 주로 다음과 같은 내용을 중심으로 발전하였다.

- 경영기법의 새로운 개선방안
- 업무에 대한 새로운 사고
- 노사간 화합
- 생산성 향상과 원가절감
- 품질에 대한 신뢰성 향상

또 1967년 일본 능률협회가 조사한 바에 의하면, 당시 1,010개의 상장기업 중 약 300여 개 사가 ZD운동을 활발하게 실시하고 있었으며, 65만여 명의 근로자들이 이 운동에 참가하였다. 여기에 참가한 기업들은 거의 전 업종에 걸쳐 조그마한 중소기업에서 몇 만 명의 대기업이었다. 이러한 무결점운동은 이후 일본제품이 세계시장에서 호평을 받을 뿐만 아니라 품질에 대한 신뢰를 얻게 되어 일본 경제의 급상승에 결정적인 계기가 되었던 것이다. 즉, 오늘날 일본제품을 품질의 대명사로 인식하는 것도 이러한 ZD운동에서 비롯된 것이다.

우리 기업도 세계시장에 진출하면서 다양한 고객의 욕구에 부응하고 국제경쟁력을 가지기 위해서는 기존의 현장중심, 기술우위 및 제품중심의 품질관리체제로부터 제품(products), 공정(process), 사람 및 자원(human & resources)에 대한 총체적 품질(Total Quality)을 향상시키기 위한 품질경영(Quality Management)의 중요성을 인식하고 있다. 미국, 캐나다, 영국 등 선진국들은 일본에 뒤지고 있는 품질경쟁력을 회복하기 위해서 품질관리활동을 정부에서 적극적으로 지원하고 있으며, 우리의 경쟁국인 일본, 대만, 싱가포르, 홍콩 등도 이를 위해 1987년에 제정된 국제표준화기구(ISO: International Organization for Standardization)를 국가규격으로 채택하고 있는 실정이다.

앞으로 품질경영은 기업의 장기적인 관점에서 고객지향적인 품질향상을 통하여 사회전체적인 이익을 향상시키려는 기업문화의 형성과 이에 따른 최고경영자(CEO)에서 생산 현장의 작업자에 이르는 모든 구성원의 의식이 바뀌는 노력으로부터 시작될 수 있다.

10

늙은 인디언 추장의 후계자

거룩한 산의 기슭에는 여러 인디언 부족들이 살고 있었다. 그들 중에 세력이 그리 강성하지 못한 한 인디언 부족의 늙은 추장이 임종을 맞게 되었다. 추장은 세 아들을 불러 놓고 이렇게 말했다.

"이제 나는 자연으로 돌아가니, 너희 셋 중 하나가 내 뒤를 이어 이 부족의 추장이 되어야 한다. 너희 모두 저 거룩한 산에 올라가서 뭔가 아름다운 것을 가져오너라. 가장 훌륭한 선물을 가져오는 자가 나의 후계자가 될 것이다."

며칠이 지나자 세 아들이 돌아왔다. 첫째 아들은 산 속 깊은 곳에서 자라는 진귀한 꽃을 가지고 와서는 아버님께 자랑스럽게 선물로 바쳤다. 둘째 아들은 세파에 쪼개지고 다듬어진 푸른 돌을 가지고 와서는 세상에서 가장 아름다운 돌임을 알리고 아버님께 선물로 바쳤다. 그런데 셋째 아들은 어떤 연유인지 빈손으로 돌아와서는 아버지께 이렇게 말했다.

"아버님, 전 아버님께 보여 드릴게 아무 것도 없습니다. 저는 저 거룩한 산꼭대기에 올라가서 자연을 보았습니다. 저 너머에는 비옥한 땅들이 광활하게 펼쳐져 있었고, 수많은 산짐승들이 푸른 초원을 달리고 있었고, 수정같이 맑은 호수엔 새들이 자유로이 날아다니고 있었습니다. 비로소 저는 장차 우리 부족이 보다 나은 생활을 위해 나아가야 할 방향에 대한 비전을 갖게 되었습니다. 제가 본 것이 너무나 감동적이어서, 아버님께 드릴 선물을 생각하지 못했습니다."

셋째 아들의 말이 끝나자 추장이 말했다.

"너를 우리 부족의 새 추상으로 삼겠다. 너는 나와 우리 부족에게 가장 값진 선물을 주었다. 그것은 보다 나은 미래에 대한 비전을 제시해 주었기 때문이다."

경영자란 전체 조직이나 부서간의 일을 지휘하고, 조직 목표를 효과적으로 달성하기 위하여 인적자원과 물적자원을 적절하게 조정하는 사람을 말한다.

샤인(E.H. Shine)은 경영자의 역할을 다음과 같이 정의하고 있다.

첫째, 경영자란 의사결정을 내리는 사람이다. 경영자는 불확실한 상황에서 조직의 목표설정과 이를 달성하기 위한 수단의 선택에 관하여 의사결정을 내리는 동시에 결과에 대한 책임도 지게 된다.

둘째, 경영자는 경영성과를 얻기 위하여 조직의 혁신적인 활동과 구성원의 조화를 통하여 사회에 기여하는 성취감을 얻게 된다. 이처럼 경영자가 수행하는 경영활동은 사회에 기여하는 역할이 중요하기 때문에 일찍이 번함(J. Burnham)은 경영자의 사회지배라는 경영자 혁명(managerial revolution)을 부르짖었고, 조지 길더는 오늘날 자본주의의 발전은 경영자의 혁신적인 기능에 의하여 이루어진다고 강조하였다.

셋째, 경영자의 의사결정이나 경영활동은 기업윤리나 사회규율에 근거하여 이루어진다. 기업은 사회를 떠나서 존재할 수 없기 때문에 경영자는 기업의 경제성뿐만 아니라 종업원의 복지와 사회적 공공성의 이념을 바탕으로 경영정책이 이루어 질 때 기업은 계속해서 생존하고 나아가서 발전할 수 있게 된다.

경영자는 크게 업무에 따라 라인과 스텝으로 구분되고, 전반관리자와 전문관리자로 나뉜다. 라인계층의 관리자는 제품의 생산라인에 직접적으로 관계하는 생산과 마케팅 관련 관리자를 말하고, 스텝 관리자는 라인계층을 지원하는 회계, 재무, 인사, 법률, 기회, 연구개발, 홍보 등의 관리자를 말한다. 전반관리자(Generalist, General Manager)는 회사 전체의 전략계획이나 경영정책을 수립하는 데 관계하는 경영자를 말하며, 전문관리자(Specialist, Functional Manager)는 회계, 인사, 재무, 자금, 생산, 마케팅 같이 조직의 특정한 활동영역에서 전문 직능을 수행하는 전문가를 말한다.

민쯔버그(H. Mintzberg)는 최고경영자(CEO)의 역할을 크게 대인관계 역할(Interpersonal Roles), 정보전달 역할(Informational Roles), 의사결정 역할(Decisional Roles)을 들고 있다. 대인관계 역할은 기업을 대표하는 얼굴이나 상징으로서의 역할, 조직 목표를 달성하기 위한 조직의 리더 역할, 및 기업 외부의 고객, 정부, 공급업자, 주주 등 이해관계자와의 매개역할을 말한다. 정보전달 역할은 기업내외 환경변화와 관련한 정보의 수집하고 분석하여 이를 기업 내에 확산하는 역할과 기업의 내부 정보를 외부에 알리는 역할을 말한다. 끝으로 의사결정 역할은 새로운 사업이나 제품을 추진하고, 노사관계나 공급업자의 파산, 고객의 계약파기 등과 같은 문제를 해결하고, 기업 내의 부서간 예산이나 인적 물적 정보자원의 효율적 안배를 위한 역할을 말한다.

11
조해리의 창

옛날에 시어머니가 너무 고약하게 굴어서 정말이지 도저히 견딜 수가 없었던 며느리가 있었습니다. 사사건건 트집이고 하도 야단을 쳐서 나중에는 시어머니 음성이나 얼굴을 생각만 해도 속이 답답하고 숨이 막힐 지경이 되어 버렸습니다. 시어머니가 죽지 않으면 내가 죽겠다는 위기의식까지 들게 되어 이 며느리는 용하다는 무당을 몰래 찾아갔습니다. 무당은 시어머니가 가장 좋아하는 음식이 무어냐고 물었습니다.

며느리는 "인절미"라고 대답했습니다. 무당은 앞으로 백일동안 하루도 빼놓지 말고 인절미를 새로 만들어서 아침 점심 저녁으로 인절미를 드리면 시어머니가 "이름 모를 병"에 걸려 죽을 것이라고 예언을 하였습니다.

며느리는 신이 나서 돌아왔습니다. 찹쌀을 씻어서 정성을 다해 잘 익혀서 인절미를 만들었습니다. 이를 본 시어머니는 처음에는 "이년이 곧 죽으려나, 왜 안하던 짓을 하고 난리야?" 했지만 며느리는 아무 소리도 하지 않고 매일 해 드렸습니다. 시어머니는 그렇게 보기 싫던 며느리가 매일매일 새롭고 몰랑몰랑한 인절미를 해다 바치자 며느리에 대한 마음이 조금씩 달라져 야단도 덜 치게 되었습니다. 두 달이 지나자 시어머니는 하루도 거르지 않는 며느리의 마음 씀씀이에 감동이 되어 동네 사람들에게 해대던 며느리에 대한 욕도 거두고 반대로 침이 마르게 칭찬을 하게 되었습니다. 그렇게 석 달이 다되어 가면서 며느리는 사람들에게 자신을 야단치기는커녕 칭찬하고 웃는 낯으로 대해주는 시어머니를 죽이려고 한 자신이 무서워졌습니다. 이렇게 좋은 시어머니가 정말로 죽을까봐 덜컥 겁이 났습니다.

그래서 며느리는 있는 돈을 싸들고 무당에게 달려가,

"제가 잘못 생각했으니 시어머니가 죽지 않고 살릴 방도만 알려주시면 돈을 다 드리겠습니다."

라며 무당 앞에서 눈물을 줄줄 흘렸습니다.

무당은 빙긋이 웃으며 말했습니다.

"어때, 미운 시어머니는 벌써 죽었지!!!"

현대 사회에서 대인관계의 중요성은 누구나 공감하는 부분이다. 일찍이 조셉 루프트(Joseph Luft)와 해리 잉검(Harry Ingham)은 효과적인 리더십을 향상시키기 위한 리더와 다른 사람의 지각에 관한 이론을 소개하였다. 〈그림〉에서 보듯이 리더의 행동이나 태도 중 리더 자신이 잘 알고 있는 부분(Known to Self Area)과 잘 알고 있지 못하는 부분(Unknown to Self Area)이 있다고 한다. 전자는 리더가 부하들에게 미치는 영향력이나 그 결과를 잘 알 수 있는 부분이고, 후자는 잘 알지 못하는 부분이다.

그림 | 조해리의 창

첫째, 공개적 영역(Public Area)은 나 자신이 잘 알고 있고, 상대방도 나를 잘 알고 있는 영역이다. 여기서는 행동이 자유롭다.

둘째, 숨겨진 영역(Blind Area)은 자신은 잘 모르고 있으나, 다른 사람에게는 알려져 있는 부분이다. 이는 부하들이 리더에게 기꺼이 피드백 해 주려고 하지 않거나 또는 그들이 리더가 하고 있는 일에 대하여 언급하기보다는 차라리 맹목적인 추종(Blind Conformity)만을 보이기 때문에 알기 어렵다.

셋째, 비공개적/개인적 영역(Private Area)은 나 자신은 알고 있지만 상대방은 모르고 있는 부분을 말한다. 리더가 다른 사람들에게 알리거나 털어놓지 않아 감추거나 숨겨진 부분을 말한다.

넷째, 미지의 영역(Unknown Area)은 자신이나 다른 사람에게 알려지지 않은 부분을 말한다. 프로이드는 이 부분을 잠재의식 또는 무의식(Subconscious or Unconscious)이라 한다. 이 부분은 지금까지 경험해보지 못하여 알 수 없지만, 새로운 경험이나 행동을 통하여 알 수 있는 가능성도 있다.

리더는 보다 개방적으로 다른 사람들이 자신의 행동에 대하여 기꺼이 의견을 나누고 받아들임(feedback)으로써 다른 사람들의 자발적인 행동을 이끌어 낼 수 있다. 즉, 리더는 부하들의 자발적인 참여를 위해 터놓고 이야기할 수 있을 때, 그림의 ❶처럼 공개적인 영역은 확대되고 '숨겨진 영역'은 줄어들게 된다.

또 리더는 자신의 가치관이나 행동에 관하여 다른 사람에게 기꺼이 공개(disclosure) 하는 것이다. 특히 이러한 공개가 조직의 운영에 관련하여 적절하게 이루어진다면 다른 사람들은 리더의 행동을 더욱 잘 이해할 수 있게 된다. 즉, 공개가 커질수록 그림의 ❷처럼 '공개적 영역'은 확대되고 '비공개적/개인적 영역'은 축소된다.

대인관계에 관한 『조해리의 창(Johari Window)』은 리더가 자신을 다른 사람들에게 공개하고 피드백을 많이 받을수록 자유롭게 활동할 수 있는 '공개적 영역'이 넓어진다는 것을 보여준다. 이것은 조직구성원 서로의 정확한 지각을 통하여 올바른 판단을 할 수 있으며, 구성원 서로간의 신뢰와 만족스러운 관계를 형성하는 데 도움이 된다. 즉, 『조해리의 창(Johari Window)』의 개념을 잘 이해하면 대인관계의 능력 향상과 개인 간의 갈등도 줄어들게 하는 데 많은 도움이 된다.

한편, 조직생활에서 원만한 대인관계를 유지하기 위한 바람직한 인격을 형성하는 데 도움이 될 알포트(Gordon Allport)의 바람직한 인간상 6가지를 소개한다.

1. **자아관념의 확대:** 자기의 요구를 주장함과 더불어 다른 사람의 권리도 인정할 있는 공동체적인 의식이 필요하다.

2. **따뜻한 인간관계:** 내가 자신을 사랑하는 것처럼 다른 사람도 어떤 거래나 이해관계를 벗어나 인간으로서 사랑하는 미덕이 필요하다.

3. **정서의 안정:** 외부의 갑작스런 자극에 대하여 흥분이나 감정의 폭발을 자제할 수 있는 정서함양이 필요하다.

4. **현실의 적응능력:** 현실을 바로보고 실무를 해결할 수 있는 능력을 배양하는 것이 책임감을 높이고 원만한 대인관계를 유지하는 데 도움이 된다.

5. **자기의 객관화:** 소크라테스의 '너 자신을 알라' 처럼 자기성찰을 통하여 자기의 능력이나 분수를 지키고 앞으로 자신의 능력을 개발하는 데 밑거름이 된다.

6. **일관적인 인생철학:** 단기적인 이익이나 얄팍한 행동보다는 뚜렷한 목적의식과 장기적인 인생관을 통하여 차분하게 행동하는 지혜로운 사람은 언제 어디에서나 다른 사람들과 두루 원만하게 지낼 수 있게 된다.

12
파바로티와 인간의 본성

세계적인 소프라노 가수의 귀국 독창회가 열리는 날이었습니다. 수많은 청중들이 그의 노래를 듣고자 공연장으로 몰려들었습니다. 공연 시작 직전, 사회자가 당황한 표정으로 무대 위에 올라와 비행기가 연착되는 바람에 가수가 좀 늦을 거 같다며

그를 대신해서 촉망받는 신인가수 한 명을 소개했습니다.

청중들은 크게 실망하며, 냉담한 반응을 보였습니다. 그러나 그러한 분위기 속에서도 신인 가수는 최선을 다해 노래를 불렀습니다. 노래가 끝났지만, 누구 하나 박수치는 사람은 없었습니다. 그때, 청중들 사이에서 한 아이가 큰 소리로 외쳤습니다.

"아빠! 정말 최고였어요!"

순간, 공연장 안에는 따스한 미소가 번지기 시작했고, 청중들은 하나 둘 자리에서 일어나 손뼉을 쳤습니다.

이 신인가수가 바로 세계적인 테너 '루치아노 파바로티'입니다.

아들이 외친 격려의 한마디가 그를 세계적인 성악가로 만든 것입니다.★

맥그리거(D. McGregor)는 『기업의 인간적 측면』에서 경영자가 조직 구성원을 보는 근거에 따라 조직의 성격은 결정된다고 보고, 이러한 근거로 두 가지 이론적인 가정을 들고 있다. 그의 주장에 따르면 경영자는 '인간을 원래 게으르고 지시를 받거나 금전적인 유인이 있을 때 열심히 일하는 존재'라고 생각하여 의사결정권은 자신이 가지고 부하를 철저히 감독할 때 조직의 성과가 올라간다는 것이다. 인간을 이러한 본성으로 파악하여 조직을 이끌어가는 리더십 유형을 「X이론」이라 한다.

반면에 '인간은 스스로 일을 성취감의 수단으로 생각하고 여건이 주어지면 적극적으로 조직 활동에 협력하여 많은 사람들과 친할 수 있다.' 따라서 경영자는 이들에게 특별한 통제보다는 창의성을 북돋워주고 의사결정에 참여시킬 뿐만 아니라 목표달성을 위한 필요한 지원으로 충분한 성과를 올릴 수 있게 된다. 이러한 관점으로 조직을 이끄는 유형의 리더십을 「Y이론」이라 한다.

표 | X, Y 이론의 특성

X 이론	Y 이론
• 인간은 본래 일을 싫어하고 가능하면 피하려고 한다.	• 인간은 일하는 것을 좋아한다.
• 일을 할 때 지시받기를 원한다.	• 스스로 목표를 정하고 통제하는 것이 조직의 목표달성에 효과적이다.
• 부하가 제대로 일을 하는 데는 엄격한 통제와 간섭이 있어야 한다.	• 주어진 과업을 이해하고 책임감을 가진다.

★ 〈좋은 생각〉

이러한 이론은 최근 우리 사회에서 소위 '신세대'문화가 조직에 많이 유입되면서 과거부터 가지고 있는 인간관에 대한 변화의 필요성을 인식하는 데 도움이 될 수 있다. 즉, 군대나 교도소처럼 엄격한 규칙이나 통제가 필요한 조직 이외에서는 맥그리거의 주장처럼 종업원들의 높아진 학력이나 소득수준 및 사회변화에 따라 조직문화가 엄격한 통제나 간섭보다는 자율성과 창의성에 의한 성과제고로 바뀌어야 한다.

보다 전문화되는 현대사회에서 종업원들이 자신의 능력을 마음껏 발휘하기 위해서는 조직문화가 'X이론'에 의존하기보다는 'Y이론'에 입각한 조직의 활성화가 필요하다. 이러한 기업문화의 탈바꿈은 노사 간의 목표도 일치시킬 수 있을 뿐만 아니라 종업원들에게는 효과적인 동기부여가 되기도 한다.

13
스탠포드 대학과 메라비언 법칙

돈 많은 재벌부부가 있었는데, 이들에게는 자식이 없어 긴 여생을 조금은 쓸쓸하게 보냈다. 그래서 노부부는 그 많은 재산을 유익한 일에 쓰고 싶었다.

"우리, 전 재산을 교육사업에 헌납하기로 해요."

다음 날 부부는 미국의 명문 '하버드 대학'을 방문하였다.

정문을 막 들어서려는데 허름한 옷차림의 두 노인을 본 수위가 그들을 불러 세웠다.

그리고는 불친절하게 따지듯이 물었다.

"노인양반들, 지금 어디 가려고 하는 거요?"
"총장님을 좀 뵈러 왔는데요."

수위는 아주 경멸하는 태도로 괄시하며 답했다.

"총장님께서는 댁들을 만날 시간이 없소!"

노부부는 수위의 태도에 불쾌했지만 마지막으로 한마디 더 물었다.

"대학교 설립하려면 돈이 얼마나 듭니까?"
"내가 그걸 어떻게 압니까?
댁들 같은 사람들이 그건 왜 묻습니까?"

마음에 상처를 받은 노부부는 기부하는 것을 없던 일로 하고 직접 학교를 짓기로 결심했다. 그들이 가진 전 재산을 투자하여 설립한 대학이 바로 지금 미국에서 명문 대학중의 하나인 '스탠포드 대학'이다.

한편 이 사실을 뒤늦게 안 '하버드 대학'에서는 그 날의 잘못을 반성하며 아쉬워했다.

그 후부터 하버드 대학 정문에는 다음과 같은 글귀가 붙어 있게 되었다고 한다.

"사람을 외모로 취급하지 말라!"

라고…★

1971년 미국의 심리학자 메라비언(Albert Mehrabian)이 『Silent Message』라는 책에서 《사람이 상대방으로부터 받는 이미지는 말의 내용보다 말 이외의 비언어적인 수단에 의해 더 크게 좌우된다》고 주장하였다. 즉, 이 이론은 사람과 사람간의 커뮤니케이션에서는 말이나 목소리, 그리고 태도라는 세 가지 요소가 있는데, 호의나 반감을 나타낼 때, 말로써 이야기 하는 것과 목소리나 태도에 모순이 있으면 사람은 목소리나 태도를 더 신용한다는 것이다.

★〈좋은 생각〉

예를 들어, 좋고 싫음이라는 인상은 '말이 상대에게 주는 인상(7%)', '말투나 목소리가 상대에게 주는 인상(38%)', '표정과 태도가 상대에게 주는 인상(55%)로 결정된다. 그러므로 말보다는 비언어적인 커뮤니케이션 쪽이 강한 인상을 준다고 할 수 있다. 칭찬이나 질타를 할 때는 말 뿐만 아니라 목소리나 태도를 거기에 맞도록 하는 것이 중요하다.

한 남자가 일생동안 일을 해서 돈을 모았습니다. 돈에 관한한 그는 구두쇠였습니다. 그는 세상의 그 무엇보다 돈을 사랑했습니다.

그가 죽게 되었을 때 아내에게 말했습니다.

"여보, 내가 죽으면 내 모든 돈을 모아서 관에다 넣어주시오. 나는 그 돈을 다음 세상으로 갖고 갈 생각이오. 그렇게 하겠다고 약속을 해주시오."

그 아내는 그렇게 하겠노라고 약속을 했습니다. 드디어 그 남자는 숨을 거두었습니다.

시신이 된 그 남자는 관 안에 고이 누워 있었고, 그의 아내는 검은 상복을 입고 시신을 지켜보고 있었습니다. 그 때 그녀의 절친한 여자 친구가 자리를 함께 하고 있었습니다.

장례식 전에 입관 예배가 끝나고 장례사가 관을 닫으려 했습니다.

그 때 미망인은

"잠깐만 기다리세요."

라고 말하고 옆방으로 가더니 구두 상자하나를 들고 들어왔습니다. 그리고 그 상자를 관안의 시신 옆에 놓았습니다. 장례사는 관을 닫고 잠굴 쇠로 뚜껑을 잠근 후 관을 밀고 나갔습니다. 그 때 옆에 있던 여자 친구가 말을 했습니다.

"너, 제정신이야? 네가 가진 돈을 정말로 관 속에 다 넣었니?"

그러자 미망인은 말했습니다.

"내가 그이에게 약속을 했는걸. 나는 기독교인으로서 약속을 위반할 수는 없어."

놀란 친구가 다시 말했습니다.

"너, 정말 있는 돈을 상자에 넣어서 관에 다 넣었단 말이야?"

그러자 미망인은 침착하게 말했습니다.

"아무렴. 다 넣었지. 나는 있는 돈을 다 모아서 은행의 구좌에 입금을 시킨 후 그 액수의 수표를 써서 관에 넣었어."

라고 했다고 합니다.

여러분은 그 미망인이 남편에게 한 약속을 지켰다고 생각하십니까?

이처럼 의사소통(Communication)이란 어떤 말이나 의미있는 상징을 통하여 서로가 이해하고 정보를 공유하는 하는 것이라 정의할 수 있다. 이러한 의사소통은 조직의 여러 활동을 조정하고, 조직목표나 업무처리 과정에서의 의사결정에 필요한 정보를 공유하며, 구성원들의 개인적인 감정을 표현하는 데 도움을 주게 된다.

조직에서 의사소통은 우리 몸의 혈류와 같은 기능이다. 일반적으로 의사소통과정은 다음 그림과 같이 이루어진다.

그림 | 의사소통 과정

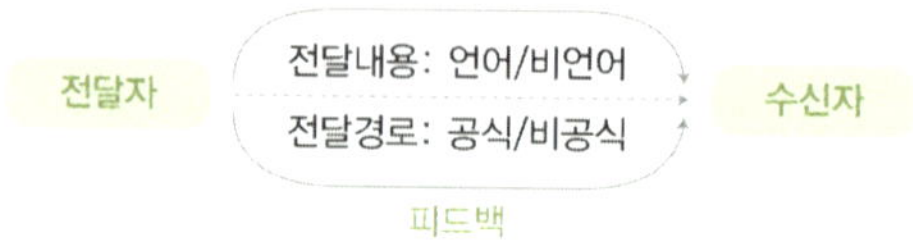

의사 전달자와 수신자간에 이루어지는 정보의 전달은 크게 구두나 문서의 '언어적인 방법'과 얼굴표정, 몸짓, 신체적 접촉 등의 '비언어적인 방법'이 있다. 또 회사에서 사장실의 크기나 사람의 외모나 몸짓으로 전하고자 하는 의미를 느끼는 경우도 많다. 전달경로는 공식적인 경로로 윗사람이 아랫사람에게 전달하는 하향식, 아랫사람이 윗사람에게 하는 상향식, 동료 간의 수평적, 다른 부서간의 대각적 의사소통이 있다. 가장 확실한 의사소통 수단은 직접대면에 의한 전달이고, 다음으로 전자우편(E-Mail), SNS, 전화대화, 문서 등이다. 그리고 비공식적인 경로로는 소문이나 풍문을 뜻하는 포도덩굴(Grapevine)이 있다. 이는 남북전쟁 당시 포도덩굴을 따라 전선들이 이어졌는데 정확하게 전달되지 못한 경우가 많아 보통 '출처가 불명확한 소식'의 뜻으로 쓰인다.

한편, 효과적인 의사소통을 위한 방법을 살펴보면 다음과 같다.

- 의사소통하기 전에 자신의 생각을 명확하게 정리하여 간단한 언어를 사용한다.
- 의사소통의 목적이 무엇인지를 명확하게 생각한다. 일반적으로 〈키스〉의 의미는 다음과 같은 의미를 가진다고 한다.

이마에 하는 키스는 우정을 의미하고,
감은 눈에 하는 키스는 감사의 키스입니다.

코 끝에 하는 키스는 당신에게 행운이 함께 하길 빈다는 뜻이며,
볼에 하는 키스는 반가움을 뜻하고,
입술에 하는 것은 사랑의 키스입니다.

누군가 당신의 귀밑 볼에 하는 것은 당신이 그리웠습니다…하는 말이며,
목에 하는 키스는 당신을 원하고 있는 그의 욕망이며,
손 등에 하는 키스는 존경을 의미한다네여…

- 의사소통이 이루어지는 상황을 고려한다. 시끄럽거나 복잡한 곳에서는 정확한 의사소통을 하기가 어렵다.

- 필요하면 원만한 의사소통을 위하여 다른 사람과 상의해본다.

- 의사소통시 비언어적인 부분에 유념한다. 만약 고개는 세로로 흔들면서 대답은 아니라고 하면 상대방은 혼란스럽게 된다.

- 의사전달을 효과적으로 할 수 있는 다른 보조적인 수단을 활용한다. 예를 들어, 3시에 만나자고 할 경우에 손가락 세 개를 펼쳐 보이는 것은 도움이 될 수 있다.

- 의사소통 후에 상대방으로부터 확인을 받는 것이 좋다. 특히 상대방이 어리거나 나이든 경우에는 반드시 상대방으로부터 전달받은 내용을 다시 이야기해보도록 하는 것이 좋다.

- 상대방의 의견을 적극적으로 경청한다. 상대방이 이야기하는

도중에 다른 짓을 한다든지 또는 밖으로 나갔다 오는 것은 실례가 될 뿐만 아니라 정확한 내용을 알기가 어렵다.

- 상대방에 대한 좋지 못한 감정을 갖지 않는 것이 좋다. 평소 상대방에 대하여 좋지 못한 감정을 갖고 있거나 첫인상이 나쁠 경우에 상대방의 이야기를 왜곡해서 받아들이기 쉽다.
- 때로는 비공식적인 소문이나 풍문(Grapevine)을 활용하는 것도 필요하다.

14
마음과 생각의 크기

어느 날, 몸 지체(肢體)들이 비상회의를 열었습니다. 그때 갑자기 코가 일어나 말했습니다.

"여러분! 지금처럼 경기가 어려운 때에 우리 중에 혼자 놀고먹는 못된 백수가 한 놈 있습니다. 바로 저하고 제일 가까이 사는 입이라는 놈인데, 그 입은 자기가 하고 싶은 얘기는 혼자 다하고, 먹고 싶은 음식은 혼자 다 먹습니다. 이런 의리 없는 입을 어떻게 할까요?"

그 말에 발이 맞장구를 쳤습니다.

"저도 입 때문에 죽을 지경입니다. 우리 주인이 얼마나 무겁습니까? 그 무거운 몸으로 몸짱으로 만들겠다고 뛰니 발이 아파 죽겠습니다. 그래서 내가 왜 이 고생을 하나 하고 가만히 생각해 보니 저 입이 혼자만 많이 먹어서 그런 것입니다."

그때 손도 말했습니다.

"게다가 입은 건방집니다. 먹을 때 자기 혼자 먹으면 되지 않습니까? 개나 닭을 보세요. 그것들은 스스로 먹을 것을 잘 먹는데, 입은 날 보고 이거 갖다 달라 저거 갖다 달라 심부름을 시키고 자기만 먹습니다. 정말 메스꺼워 견딜 수 없습니다."

마지막으로 눈이 말했습니다.

> "이렇게 비판만 하지 말고 행동을 합시다. 앞으로는 맛있는 음식이 있어도 절대 보지도 말고, 냄새 맡지도 말고, 입에게 가져다주지도 맙시다."

그 제안이 통과되어 즉시 입을 굶기기 시작했습니다. 사흘이 지났습니다. 손과 발은 후들후들 떨렸습니다. 눈은 앞이 가물가물해서 아무 것도 보이지 않았고, 코는 사방에서 풍겨오는 음식 냄새로 미칠 지경이었습니다.

바로 그때 조용히 있던 입이 말했습니다.

> "여러분! 이러면 우리가 다 죽습니다. 제가 저만 위해 먹습니까? 여러분들을 위해 먹는 것입니다. 먹는 것도 쉽지 않습니다. 때로는 입술도 깨물고, 혀도 깨뭅니다. 그러니 너무 섭섭하게 생각하지 말고 서로 협력하며 삽시다." 그 말에 다른 지체들도 수긍하고 예전처럼 자기의 맡은 일을 해서 건강하게 잘 살았다고 합니다.

직장 내에서 회의는 회사의 발전과 문제 해결을 위한 유익한 모임이 될 수도 있고, 잘못 하면 수많은 직원들의 시간을 낭비하고 회사의 경영에 해(害)를 가져올 수가 있습니다. 홍병식 박사님은 회사에 유익한 회의를 진행하기 위한 몇 가지 제안을 합니다.

1. 회의는 공지나 통지의 수단으로 이용해서는 안 됩니다. 직원들에게 중요사항을 알리는 일은 이메일이나 게시판을 이용하면 됩니다. 건설적인 목적이 없는 회의는 수많은 직원들의 시간을 낭비할 뿐만 아니라 직원들이 수행하는 업무를 중단시키기 때문에 연속성이 끊겨서 다시 시작하는 데 보다 많은 노력과 시간을 요하게 됩니다.
   회의는 반드시 토의 사항이나 문제해결을 위한 자유로운 토론(Brainstorm)을 하는 방법으로 사용되어야 합니다.

2. 회의를 소집하려면 시작 시간뿐만 아니라 종료시간을 미리 정해 놓고, 참석을 요하는 모든 직원에게 알려야 합니다. 참석자들은 각자 나름대로 업무의 일정이 있고 고객과의 약속도 있음으로 회의가 언제 종료될 것인지를 미리 알아두면 업무수행에 차질이 생기지 않을 것입니다. 토의가 예정보다 일찍 끝나면 회의도 일찍 끝내지, 굳이 종료시간까지 무리하거나 무료하게 끌고 갈 필요는 없습니다.

3. 회의에 참석하는 사람들 중에서 가장 높은 지위에 있는 분은 소위 상석(上席)에 앉지 않는 것이 좋습니다. 그렇지 않아도 높은 분이 참석하면 다른 참석자들이 발언에 어느 정도의 부담을 느낄 수 있습니다. 높은 분이 일반석에 앉는 것 자체로

다른 참석자들에게 지위에 괘의치 않고 자유롭게 의견을 제시하라는 메시지를 주게 됩니다.

4. 회의에서 토의할 사항을 미리 준비하여 참석예정자들과 회의에 관심을 가져야 할 경영자들에게 하루나 이틀 전에 미리 배부를 하는 것이 좋습니다. 토의의 주제를 알면 참석자들이 어느 정도의 숙제를 하고 참석을 할 것이기 때문에 건설적인 회의가 될 것입니다.

5. 회의장의 테이블에는 간단한 음료나 간식을 마련해두는 것이 좋습니다. 모든 사람은 입에 먹을 것이 들어 있을 때는 스트레스가 적고 회의의 분위기도 부드러울 것입니다. 커피나 물병은 손쉽게 마련할 수 있는 음료입니다.

6. 회의는 초급자나 상급자가 아닌 실무책임자가 사회를 보는 것이 좋습니다. 회의를 진행하면서 유의할 점은 한 두 사람이 시간을 독점하는 경향을 막아야 합니다. 어느 회의에서든지 말하기 좋아하는 참석자가 있기 마련입니다. 따라서 이런 폐단을 막기 위해서 사회자가 발언의 시간을 미리 정해주는 것이 좋습니다. 그러나 중요한 발언을 하기에 주어진 시간이 너무 짧으면 일단 한 바퀴 순서가 진행된 다음에 추가적으로 발언할 시간을 더 할애하면 됩니다.

7. 회의 참석자 중에 한 사람을 지명하여 회의록을 작성하도록 해야 합니다. 회의록은 지나치게 자세한 기록일 필요는 없지만, 토의 결과와 행동사항과 행동 책임자 및 행동 완료기일을 기록하면 됩니다. 이런 행동 사항은 다음 회의를 시작할

때 제일 먼저 점검을 해야 합니다. 행동사항이 포함된 회의록을 상급 경영자를 포함하여 관련된 모든 직원들에게 배부를 하게 되면 이를 맡은 책임자는 최선을 다하여 그 행동사항을 완수하려고 노력할 것입니다.

8. 회의록에는 발언 내용만 기록하고 발언자의 명단은 원칙적으로 기록하지 말아야 합니다. 단, 회사 전체에 이익을 가져올 기발한 아이디어를 제안하는 발언자는 그의 공을 인정하는 의미에서 이름을 기록하는 것이 오히려 좋습니다. 생산성을 높이고 비용을 절약하는 아이디어는 언제, 어디에서나 장려할 사항입니다.

9. 높은 지위에 있는 참석자는 적절한 시기에 자리를 뜨는 센스가 필요합니다. 왜냐하면, 부하 직원들이 아무런 제약없이 자유롭게 토의를 하도록 하기 위함입니다. 수십 년 전, 쿠바의 미사일 위기 당시에 (미국) 백악관에서 회의를 하던 도중 케네디 대통령이 자리를 뜬 사례는 유명한 역사적인 사례로 전해오고 있습니다.

10. 회의 도중에 고성이나 언쟁은 절대로 용인 되어서는 안 됩니다. 왜냐하면, 진지한 토론은 언성을 높이지 않고 얼마든지 할 수 있기 때문입니다.

11. 정기회의라 하더라도 토의사항이 없으면 회의를 열지 말아야 합니다. 사실 정기회의가 직원들의 시간을 낭비하는 큰 요인 중 하나입니다.

15
사람은 누워 봐야 안다

스탠튼은 미국의 명문대를 수석으로 졸업하고 승승장구한 정치인이었습니다. 그가 변호사 사무실을 운영하고 있을 때 이웃에 독학으로 공부한 시골뜨기 청년인 링컨이 변호사 사무실을 개원했습니다. 스탠튼은 링컨의 학벌이나 생김새를 가지고 '시골뜨기 고릴라'라고 조롱했습니다. 링컨이 대통령에 당선된 후, 내각을 구성하면서 법무장관에 스탠튼을 지명했습니다. 주위의 참모들은 스탠튼이 평소 대통령을 비방하고 다녔다고 하며 극구 만류하였지만, 링컨은 스탠튼의 능력만을 보았고 뜻을 굽히지 않았습니다. 스텐튼은 법무장관으로 있으면서 대통령에게 한 번도 경의를 표하지 않았습니다.

그런데 링컨이 저격을 당해 세상을 떠나자 장례식장에서 가장 슬피 울던 인사는 놀랍게도 스탠턴이었습니다.

그는 장례식장에서 이렇게 말했습니다.

"나무의 크기와 사람의 크기는 누워 봐야 안다."

숨을 거두고서야 링컨이라는 인물의 크기를 알게 되었다는 고백입니다.

지금도 재력, 출신, 학벌이라는 편견이 사회적 안목을 지배하고 있습니다. 그러나 때로는 너무나 소중한 사람을 편견으로 인해 놓칠 수도 있다는 것을 잊지 말아야 합니다.

유태인들은 인간을 평가할 때, 다음 세 가지를 기준을 사용한다고 한다.

① 키소(돈지갑) : 돈을 어떻게 쓰는가?
② 코소(술잔) : 술 마시는 버릇이 어떤가?
③ 카소(분노) : 인내심이 얼마나 강한가?

사람은 다양합니다. 재능도 다르고, 성품도 다르고, 취미도 다릅니다. '다른 것'은 '틀린 것'이 아닙니다. 다양성에 대한 이해는 공동체 정신의 꽃입니다. 이해는 사랑과 용서의 출발점입니다. 작은 이견(異見)에도 조급하게 화를 내는 자에게 지혜는 머물지 않고, 반대자를 귀찮다고 무조건 잘라내는 자에게 행복은 머물지 않습니다. 진정한 행복은 현재의 친구를 존중하면서 새로운 친구를 만들 줄 아는 '마음과 생각의 크기'에 달려 있습니다. 사람 사이에 있는 사소한 차이를 '배타와 편견의 구실'로 삼지 않고 '사랑과 이해의 도전'으로 볼 때 행복의 샘은 바로 우리 곁에서 넘쳐흐르는 것을 깨닫게 될 것입니다.

조직이 커짐에 따라 경영자는 자신의 업무 중 일부를 부하에게 위임함으로써 보다 전략적인 경영활동에 주력할 수 있는 시간을 많이 가질 수 있다. 이러한 권한위양(Delegation of Authority)에는 업무를 수행하는데 필수적인 의사결정 권한과 아울러 자기가 맡은 일의 결과에 대한 책임감도 부하에게 할당된다.

한편, 권한이 조직의 상부계층에 집중되어 있는 것을 집권화(Centralization of Authority)라 하고, 반대로 권한의 많은 부분이 일선 부서나 팀에 위양된 것을 분권화(Decentralization of Authority)라 한다. 이런 권한의 집권화와 분권화에는 기업의 여러 요인들(의사결정에 따른 비용, 경영자의 가치관, 기업문화, 능력있는 경영자들의 확보, 통제체제, 노조나 정부와 같은 기업환경 등)에 많은 영향을 받게 된다. 일반적으로 제품이나 서비스를 단위로 분화된 조직이나 다국적기업과 같이 지역을 중심으로 분화된 조직에서는 권한의 분권화가 효율적이고, 구매 생산 판매 재무 등 기능을 중심으로 분화된 조직에서는 권한의 집권화가 효율적이다.

그림에서 보는 것처럼 조직의 구성원이 각자에게 부여된 업무를 수행할 수 있도록 권한과 책임은 균형을 이루어야 한다.

그림 | 권한위양 과정

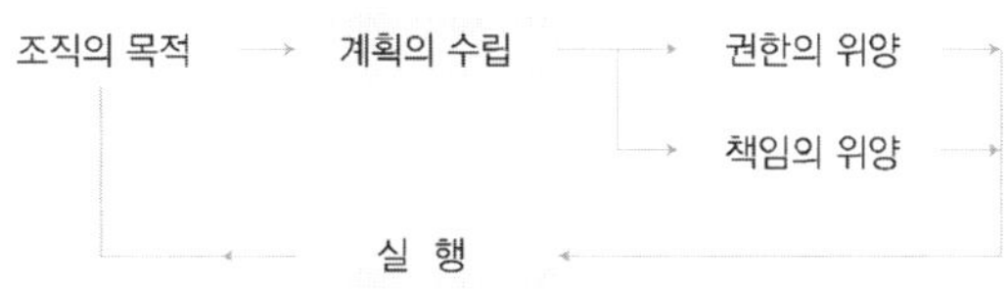

물론 실제로 기업에서는 권한위양이 쉽게 이루어지기 어렵다. 왜냐하면, 많은 상사들은 부하가 위양된 업무를 잘못처리 하면 그 책임이 자신에게도 영향을 미치지 않을까 우려되기 때문이다. 또 다른 이유로는 대부분의 조직이 권한과 책임 소재가 불분명하다는 점을 들 수 있다.

따라서 조직에서 권한위양에 도움이 될 몇 가지 방안을 소개하면 다음과 같다.

1. 권한위양의 기본 전제로 먼저 부하가 상사의 지시나 의사결정에 대하여 쉽게 동의하고 따를 수 있는 범위(Zone of Indifference)를 결정할 필요가 있다.

2. 종업원들이 참여하여 조직목표를 설정하고, 성과를 합리적으로 평가할 수 있는 기준을 만들어야 한다.

3. 종업원들을 의사결정과정에 참여시켜 내용을 이해하게 하고 그들의 능력이나 기술을 개발하는 데 도움을 주게 되면 이 자체가 큰 동기부여가 된다.

4. 상사의 역할은 부하가 주어진 과제를 완성하는 데 필요한 지도나 도움 및 정보를 제공하는 것이다.

5. 상사는 부하가 위양된 업무를 책임지고 잘 수행할 수 있는 능력을 배양할 수 있도록 계속해서 훈련시켜야 한다.

6. 상사는 부하가 자신의 성과를 상호협의한 결과에 도달하는데 부족한 부분을 찾아, 이를 개선할 수 있는 시의적절하고 유익한 평가(Feedback)를 제공하여야한다.

16
진실의 순간

어미가 품에 안은 알 속에서 조금씩 자란 병아리가 있다. 이제 세상 구경을 해야 하는데 알은 단단하기만 하다. 병아리는 나름대로 공략 부위를 정해 쪼기 시작하나 힘이 부친다. 이때 귀를 세우고 그 소리를 기다려온 어미닭은 그 부위를 밖에서 쪼아 준다. 답답한 알 속에서 사투를 벌이던 병아리는 비로소 세상 밖으로 나오게 된다. 이처럼 병아리가 안에서 쪼는 것을 「줄(啐)」이라 하고, 어미 닭이 그 소리를 듣고 화답하는 것을 「탁(啄)」이라 한다. 그리고 이 일이 동시에 발생해야 어떤 일이 완성된다는 것이 「줄탁동시(啐啄同時)」이다.★

참으로 세상을 살아가는데 꼭 필요한 가르침이자 매력적인 이치가 아닐 수 없다.

행복한 가정은 부부(夫婦)가 「줄탁동시」 할 때 이루어지고,
훌륭한 인재는 사제(師弟)가 「줄탁동시」 할 때 탄생하며,

★ 〈벽암록(碧巖錄)〉

세계적인 기업은 노사(勞使)가 「줄탁동시」 할 때 가능한 것이다. 안과 밖, 명과 암, 나와 너… 세상사는 법을 한 번 더 생각해 보게 된다.

스페인에서 시작된 투우는 《투우사의 입장→수소의 등장→삐까도르(Picador, 보조 투우사)의 장(場)→반데리예로(Banderillero, 보조 투우사)의 장→물레따(Muleta, 막대에 감은 붉은 천)의 장→'진실의 순간(Momento de la Verdad)' 이라 불리는 살해의 장》으로 진행된다고 한다.

이때 마지막 순서인 '진실의 순간'은 우두머리 투우사 격인 마따도르(Matador)가 소의 심장을 칼로 찌르는 장면인데, 소의 등에서 심장을 관통할 수 있는 곳은 우표 크기만 한 딱 한 곳이라고 한다. 투우사는 달려오는 소를 걸음을 옮기지 않고 물레따를 이용해서 살짝 피하는데, 이때 소의 뿔이 얼마나 가까이 지나가느냐에 따라 투우사의 우열이 가려진다고 한다. 마따도르가 단번에 소의 심장을 찌르게 되면, 투우사에게 주어지는 최고의 償상인 소의 귀를 받게 되고, 더 잘했다고 생각되면 양쪽 귀를 받게 되며, 최고의 마따도르에게는 꼬리까지 주어진다고 한다.★

컨설턴트인 노먼(Richard Norman)은 '「진실의 순간(Moments of Truth)」을 투우사와 피를 흘리는 소가 서로 마주보고 달려들

★ 정천식, 〈시민시대〉

때, 투우사가 격투용 劍으로 소에게 최후의 찌르기를 하는 그 순간'이라고 한다. 즉, 기업이 제공하는 서비스로 고객과의 접점이 발생하는 짧은 순간, 즉 구매의 결정이 이루어지는 시간을 「진실의 순간」이라 하는 데, 보통 서비스를 접하는 처음 15초간에 구매가 결정된다고 한다. 그러므로 서비스 기업이 고객에게 서비스를 제공하고, 고객을 감동시켜, 충성 고객으로 만드는 순간의 시간은 기업이나 고객에게 서로 매우 소중한 시간이라 할 수 있다.

이는 1980년 스칸디나비아 항공사(SAS) 사장인 얀 칼슨(Yan Kalson)이 기업 경영에 처음으로 도입하여 성공한 개념이다. 즉, 고객과의 접점에 있는 종업원의 서비스가 얼마나 중요한가를 의미하는 것으로, 특히 매장에서 고객을 접하는 순간, 판매원의 행동이나 안내원, 경비원, 교환원 등 최일선 서비스 요원들의 태도가 기업의 이미지와 운명을 좌우하게 된다. 이 개념은 그 자체로 상징적인 의미가 있지만, 많은 판매원들이 실제로 「진실의 순간」을 느끼고 적용하는 마음을 갖는 것이 그렇게 간단하지는 않다.

17
복을 아껴라

절 후원(後園)에 숨어서 숨을 쉬고 있던 씨앗 하나가 어느 날 눈자위가 간지러워 눈을 떴다. 그러나 아직도 저 만큼에는 잔설이 남아 있지 않은가? 씨앗은 지레 겁이 나 얼른 눈을 감았다. 그런데 발그레한 기운이 뺨에 어리어 다시 눈을 떴다.

그것은 담장 곁에 있는 동백나무로부터 오는 것이었다.

빨갛게 피어있는 꽃송이들.

씨앗은 동백나무에게 물었다.

"아저씨는 어떻게 이 추운 겨울 날씨에도 꽃을 피워 낼 수 있는지요? 비결이 있다면 들려주세요."

동백나무가 대답했다.

"복(福)을 아껴서 살면 한겨울에도 꽃이 피는 기적이 있는 법이다."

씨앗이 말했다.

"복을 아끼라니요? 이 절에 오는 사람들은 모두 부처님께 복을 달라고 빌던데요?"

"그것은 욕심 많은 인간들의 바람이지. 사실은 이 세상에 복이 널려져 있는데 간수를 못하는 것이야."

씨앗이 물었다.

"복이 어디에 널려져 있는가요?"

"저기 저 햇빛을 보아라. 이 얼마나 따뜻하고 많은 복이냐. 어제는 촉촉이 비가 내렸지. 그것도 고마운 축복이야. 그리고 오늘도 이렇게 건강함을 주셨고……"

동백나무가 말을 이었다.

"나는 작은 복을 아낀다. 햇볕 한 톨, 비 한 방울, 바람 한 점, 그것을 모으고 모았더니 이렇게 한겨울 날에도 꽃을 피울 수 있는 기적이 되더구나."

씨앗은 눈을 번쩍 떴다.

대웅전의 부처님이 빙그레 웃고 있었다. ★

기업의 민주화와 경영합리화를 위하여 정부는 1969년에 「자본시장육성법」을 제정하여 기업공개와 건전한 자본시장의 육성을 하며, 종업원지주제도(Employee's Stock Ownership Plan)가 도입되었다. 이는 종업원이 회사의 주식을 자발적으로 취득하고 보유하는 것으로, 보통 유상이나 무상에 의한 증여, 특별한 공헌에 따른 공로주, 성과배분에 따른 주식분배 등으로 취득하여 재산형성이나 저축수단으로 활용된다.

이 제도는 1893년 미국의 Illinois Central Railroad社사에서 처음으로 실시된 이후, 미국의 1만 여개의 회사에서 1천 2백여만 명

★ 〈좋은 생각〉

이상이 활용하고 있다. 우리나라의 경우, 2009년 12월말 기준으로 2,768개의 우리사주 조합이 결성되어 있고, 115만 여명이 조합원으로 가입하고 있다. 대부분의 상장법인 및 코스닥법인이 이 제도를 실시하고 있다.

우리나라에서는 사실상 도산위기에 있는 기업을 살리기 위한 목적으로 주로 사용되었던 종업원지주제도가 정부의 정책에 힘입어 점차 종업원들의 경제적인 실익을 위한 수단으로 활용되어 왔다. 따라서 이 제도는 종업원들이 회사에 대한 높은 주인의식과 충성심으로 근로의욕과 생산성을 높이는 데 도움이 된다. 그러나 회사측에서 필요한 자금조달방법으로 잘못 운영하거나 또는 주식의 가격변동 폭이 너무 심해서 종업원들의 불신감을 얻게 되어 폐지되는 경우도 생긴다.

이러한 종업원지주제도가 성공적으로 운영되기 위해서는 다음의 몇 가지 요인이 중요하다.

- 경영이념: 이 제도가 기업공개는 물론이고 구성원들과 함께 소유하고 있다는 공존공영의 이념이 있어야 한다.
- 장기적 성장: 주주인 종업원들이 이 제도로 최소한 불이익을 받지 않도록 회사가 꾸준하게 성장하여야 한다.
- 경영 자료의 공개: 모든 종업원에게 이 제도의 취지와 장점을 충분하게 이해시키고, 여러 자료를 알려주어 주인의식을 가지고 업무를 할 수 있도록 하여야 한다.
- 경영참가: 나아가서 주요한 경영의사결정에도 종업원을 참가시킴으로써 이 제도의 성과를 제고시킬 수 있다.

18
젊음이 알 수만 있다면, 늙음이 할 수만 있다면

(Si jeunesse savait, si vieillesse pouvait)

어느 노부부가 살고 있었는데 부인이 남편의 말을 잘 알아듣지 못하는 것 같았습니다. 남편은 아내에게 병원에 가보자고 했습니다. 아내는 그럴 필요가 없다고 하면서 의사에게 가보자는 제안을 거절했습니다. 그래서 남편 혼자서 이비인후과에 찾아가서 의사에게 자기 부인의 청력문제를 의논했습니다.

의사는 그 남편에게 말을 했습니다.

> "집에 들어서자마자 "여보"라고 불러보시오. 대답이 없으면 부엌에 가서 또 불러 보시오. 그래도 대답이 없으면 거실에 가서 불러 보시오. 그래도 대답이 없으면 나에게 와서 보고를 해주시오."

그 남편은 의사의 지시대로 집에 들어서자마자 "여보"라고 불렀습니다. 대답이 없었습니다. 이렇게 불러보기를 부엌에서도 했고 거실에서도 했습니다. 기대했던 대로 대답은 없었습니다. 남편은 2층에 올라가 보았습니다. 그랬더니 아내는 평화롭게 바느질을 하고 있었습니다.

"아니 여보! 내가 아래층에서 세 번이나 당신을 불렀는데, 왜 대답을 하지 않았소?"

아내가 말을 했습니다.

"대답을 하지 않다뇨? 내가 세 번 다 대답을 했는데요?"

알고 보니 청력을 잃어가는 사람은 아내가 아니었고 그 남편이었습니다.

노처녀 여러 명이 좋은 배필감을 찾기 위해서 휴양지에 갔다고 합니다. 물론 파티도 즐기면서 결혼상대가 될 만한 남자를 만나기 위해서였습니다. 버스에서 내려보니 5층 건물로 된 호텔이 눈에 띄었습니다. 노처녀들에게는 그 호텔이 마음에 들었습니다. 왜냐하면, 그 호텔에 들어가는 손님들은 대부분이 남자들이었기 때문에 호텔에 숙소를 정하면 마음에 드는 남자들을 사귈 수 있을 것으로 그녀들은 믿었습니다.

이들은 어느 층에 묵을 것인가를 결정하기 전에 각 층을 답사하기로 했습니다.

1층에는 《키가 작고 평범한 남자들 전용》이라는 표지(標識)가 있었습니다. 그런 표시를 보고 그녀들 중 아무도 1층을 더 보고 싶다는 생각을 하지 않았습니다.

그들은 바로 2층에 갔습니다. 2층에는 《키가 작은 미남의 남자 전용》이라는 표지가 붙어 있었습니다. 그녀들에게는 1층보다 더 호감이 가는 층이었지만 모두 3층에 가자고 했습니다.

그들이 3층에 갔더니 이번에는 《키가 크고 평범한 남자들 전용》이라는 표지가 붙어 있었습니다. 지금까지의 층보다 훨씬 호감이 가는 층이었지만, 그래도 처녀들은 4층을 보고 싶어 바로 올라갔습니다.

4층에는 《키가 큰 미남의 남자 전용》이라고 적혀 있었습니다. 노처녀들의 얼굴에는 희색이 가득했습니다. 드디어 마음에 드는 남자를 많이 만날 수 있겠다는 기대감에 가슴이 설레기 시작하였습니다. 4층에서 시간을 더 보내면서 남자들을 만나보자고 한 제안자도 있었지만, 그녀들은 더 좋은 상대들이 마지막 5층에 있을 것이라는 의견이 지배적이었습니다. 그래서 그들은 5층으로 올라갔습니다.

5층에는 무슨 표지가 있었겠습니까?

5층에는 《좋은 것을 아무리 주어도 만족을 못하는 여자들 전용》이라는 표지가 붙어 있었다고 합니다.

1980년대 중반까지는 우리 기업들은 국내시장에서 기존의 경쟁자들에 의하여 배분되는 시장점유율의 변화에만 관심을 가지고 안정적인 경쟁을 추구할 수 있었다. 그러다가 우리의 경제규모가 커지면서 기존의 가치나 문화가 변하고, 소비자들의 욕구는 다양화될 뿐만 아니라, 외국기업들이 국내시장에 적극적인 진출을 하면서 국내시장은 치열한 경쟁의 각축장이 되었다. 따라서 기업들은 이러한 시장의 급격한 환경변화에 대응하기 위한 경영 합리화의 방법으로 소위 '벤치마킹'이니 '비즈니스 리엔지니어링' 등의 경영

혁신을 시도하였다. 이는 마치 전쟁에서 승리하기 위해서는 훌륭한 전략이 필요하듯이, 기업도 지금까지 틀 속에서의 경영만으로는 생존의 문제조차 해결하기 어렵기 때문에 전략의 개념을 경영에 접목시킨 '전략경영'을 실행하기 시작하였다. 고대 그리스어의 strategos(군대를 지휘하는 장군이란 뜻)에서 유래한 전략의 개념은 자원의 효율적인 활용을 통하여 적을 패배시키기 위한 계획을 수립한다는 의미였다.

따라서 전략경영을 실천하기 위해서는 먼저 기업이 유리하게 경쟁할 수 있는 시장이 어디인가를 잘 파악하여야 한다. 임진왜란 때 이순신 장군은 자신이 유리한 곳으로 적군을 유인하여 큰 승리를 거둔 해전들은 오늘날 우리 기업들에게도 매우 교훈적이라 할 수 있다.

다음으로 환경의 변화를 남보다 먼저 정확하게 읽어야 한다. SONY社사의 베타형 VTR은 제품의 기술적 우위만을 믿고 환경의 변화에 등한시하여 실패하였던 경우이다.

끝으로, 다른 기업과 경쟁하여 승리할 수 있는 핵심역량을 갖추어야 한다. 임진왜란 때 거북선은 이순신 장군이 승리하는 데 핵심적인 무기였던 것처럼 기업이 경쟁에서 승리하기 위해서는 기술개발 능력이나 디자인 또는 마케팅 능력 등의 핵심기술이 있어야 한다.

그림에서 보는 것처럼 안정적인 환경(기존시장/기존제품)에서 기업경영의 목표는 경쟁시장에서 승리하는(시장 점유율을 높이는 것) 것이었다. 지금까지 국내시장이 정부에 의해서 보호되면서 화장품시장은 태평양화학과 한국화장품이, 맥주시장은 동양맥주와 크라운맥주가, 자동차의 경우 현대, 대우, 기아가, 전자제품의 경우 삼성, LG, 대우가 시장점유율 경쟁을 해 왔다. 즉, 제한된 시장 속에서 점유율경쟁(Competitive Management)에 의한 이익극대화(Profit Maximization)가 '전통적 경영'의 목표가 되었다.

그림 | 전통적 경영과 전략경영의 비교

그러나 시장개방에 따른 선진 외국기업들의 국내시장으로 진출이나 FTA 협상 등에 따라 외국제품의 국내유입이 자유로워지면서 국내기업들은 새로운 환경의 변화(신시장/신제품)로 국내외 시장에서 새로운 경쟁자를 만나게 되었다. 맥주시장에서는 기존의 경쟁자에 새로운 (수입)맥주가 등장하고, 화장품시장에도 외국기업과의 합작社사와 수입 외제품이 등장하게 되고, 자동차시장에서는 삼성자동차의 출현과 아울러 외제차의 수입이 늘어나고 있으며, 전자제품 시장에서도 외제 전자제품의 수입이 활발하게 이루어지고 있다.

따라서 기업은 새로운 시장의 개척과 다양한 고객의 욕구를 충족시킬 수 있는 새로운 제품과 충실한 서비스를 제공할 수 있는 경영의 변화가 요구된다. 즉, 기업은 새로운 시장에서 새로운 제품을 제공하여 장기적인 이익극대화(Long-term Profit Maximization)가 '전략경영(Strategic Management)'의 목표라 할 수 있다.

하버드 대학의 앤드류즈(K. Andrews) 교수에 의하면, 이러한 전략을 결정할 때 외부환경으로부터 기업이 이익을 추구할 수 있는 사업기회를 찾아 기업 내부의 기술, 자금, 인력, 경영능력 등으로 현실화하는 방법인 전략에 경영자들이 가지고 있는 가치관이나 철학이 포함되어야 한다는 것이다. 이렇게 수립된 전략은 사회의 규범이나 질서를 파괴하거나 사회적인 책임을 다하지 못하면 그 기업은 오랫동안 생존하기 어렵다는 것이다.

19
술을 끊고도 마시는 법

어느 술집에 가끔씩 오는 손님 한 사람은 술잔을 항상 3잔 주문하는 데, 각각 다른 술이었습니다. 이 술을 마실 때는 한잔을 비우고 다른 잔을 마시는 것이 아니라, 한잔에 입을 조금 축이고 나서 다른 잔을 조금 마시고 이렇게 번갈아 가면서 3잔의 술을 마시는 것이었습니다.

올 때마다 손님이 이렇게 술을 마시는 것을 보면서 술집 주인은 머뭇거리다 손님에게

"손님, 저… 왜 3잔의 술을 번갈아 가면서 마십니까?"

그러자 손님은 주인을 바라보면서,

"예, 저는 형제가 3명 있는 데 모두 다른 곳에 떨어져 살고 있습니다. 그래서 3형제는 약속을 하였는데, 서로 보고 싶으면 술집에서 3형제 각각 좋아하는 술을 3잔 시켜 마시기로 했다."

는 것이었습니다.

그런데 어느 날부터는 손님이 술집에 와서 2잔만 시켜 마시는 것이었습니다. 2잔만 시키는 날이 계속되자, 술집 주인은 형제 중 한 사람이 잘못된 것이 아닐까 생각하며 조심스럽게,

"손님, 저 혹시 왜 2잔만 시키는지요?"
하고 물었습니다.

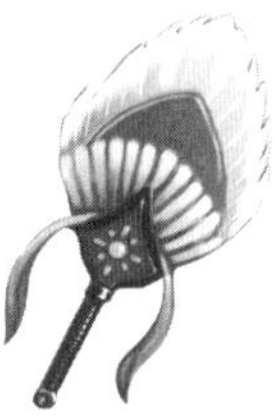

그러자 손님은,
"아, 예, 저는 얼마 전부터 술을 끊었습니다. 그래서 다른 형제 2명의 술만 시켜 마시고 있답니다."
라고 하였답니다.

외제 상표가 붙은 청바지가 수입가격의 2-3배의 가격으로 불티나게 팔리고, 2-3백만 원 하는 팬티가 잘 팔린다는 보도는 보통의 서민으로서는 도저히 이해가 되지 않는다. 이제는 우리 전자제품도 품질이나 가격 면에서 상당한 경쟁력이 있다고 보지만 굳이 어떤 소비자는 외제를 선호할까. 이런 의문스런 구매행동은 여러 곳에서 종종 느끼게 되는 데, 이를 이해하기 위해서는 소비자의 구매행동의 과정과 이러한 행동에 영향을 미치는 주요 요인들을 살펴볼 필요가 있다.

먼저 구매행동과정을 살펴보면, 크게 즉흥적인 구매와 합리적인 구매로 나눌 수 있다. 즉흥적인 구매는 외부의 이물질이 눈에 들어갈 때 우리 인체는 즉흥적으로 눈을 감게 되는 것처럼, 기업이나 유통업자들의 반복적인 광고에 의하여 반사적이고 거의 무의식적인 구매태도를 말한다. '광고를 많이 하는 상품은 믿을 수 있겠지!', '비싼 제품은 무엇인가 나아도 낫겠지!', '천연원료를 사용하는 상품은 당연히 비싸겠지!', '남들도 다 사는 데 나라고 못사냐?'하는 소비자들의 생각으로 감정적인 구매를 하지만, 실제로는 이러한 전체 광고비가 2011년 1년간 9조 5606억 원, 그리고 방송으로만 3조6343억 원에 이른다면 과연 '거품'가 얼마나 될 지 궁금하다.

그러나 많은 경우에는 광고를 분석하고, 늘 이웃하는 사람들과의 만남(준거집단, Reference Group)에서 제품에 대한 정보도 얻고, 자신이 실제로 제품을 사용하여본 경험에 의하여 자신의 개인적인 특성이나 가정 또는 사회에서의 위치에 맞는 소비를 추구하려는 합리적인 구매태도를 보인다. 자동차나 주택을 구입할 때, 자신의 사회적인 신분, 구매예산, 광고의 인지, 기능, 가족의 수, 개인의 취향, 과거의 경험, 주변의 충고 등을 고려하여 신중하고 합목적적인 선택을 한다. 하버드 대학의 레빗(T. Levitt) 교수는 '사람은 제품이나 서비스에 돈을 지불하는 것이 아니라, 사려는 것이 자신에게 가져다 줄 것으로 믿는 가치의 기대에 지불하는 것이다.' 라고 한다.

한편, 대부분은 구매 후에 혹시나 잘못산 것은 아닌지 심리적으로 두려워하는 경우가 많다. 이런 심리 상태를 '인지 부조화(Cognitive Dissonance)'라 하는데, 이는 사회심리학자 레온 페스팅거(Leon Festinger)가 한 사이비 종교집단을 관찰한 뒤 발표한 심리 이론이다. 지구가 곧 멸망할 것이라는 예언을 믿고 종말의 날만을 기다리던 사이비 종교 신자들에게 교주가 예언한 날은 오지 않았다. 하지만 신자들은 교주에 대한 믿음이 강해져 포교활동에 더욱 매진했다. 그들은 이미 모든 것을 바친 뒤였기에 자신들의 인식에 문제가 있다는 것, 즉 자신이 실수했음을 인정하기엔 고통이 너무 컸던 것이다. 이와 같이 자신의 생각과 객관적 현실이 일치하지 않을 때(인지 부조화 상태일 때), 인간은 객관적 현실을 '자신의 생각에 맞게끔' 왜곡해 받아들임으로써 심리적 안정을 찾는다.

그림 | 소비자의 구매행동

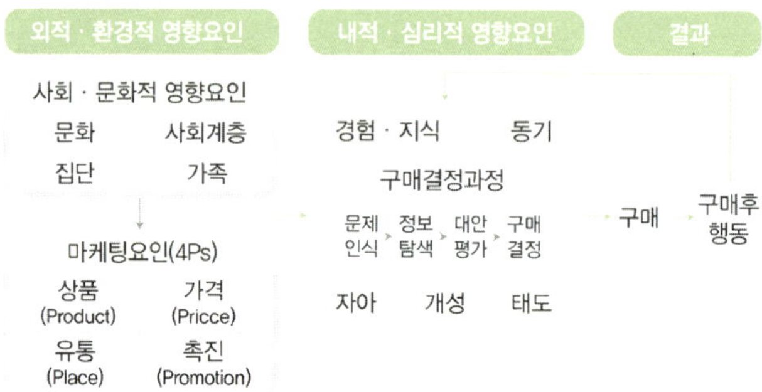

그림*에서 보는 것처럼 소비자들은 외적인 환경요인과 내적인 심리요인에 의하여 특정상품이나 상표를 주로 구매하는 행동을 나타내게 된다. 소비자의 문화적 배경, 소속된 사회계층, 보다 사교적인 준거집단, 가족의 구매패턴 등 사회문화적인 변수와 자사상표의 구매빈도를 높이기 위하여 4P's(Product, Price, Place, Promotion)를 중심으로 한 기업의 마케팅활동은 소비자의 구매욕구를 불러일으키는 커다란 동기가 된다.

그리고 소비자는 이러한 환경 속에서 일반적으로 먼저 구매의 필요성을 인식하고, 구매결정을 위한 여러 정보를 탐색하며, 이를 바탕으로 몇 가지 대안을 평가하여, 가장 합리적인 구매를 하는 몇 가지 과정을 거친다. 이런 구매 의사결정과정에 영향을 미치는 소비자 개인의 내적요인으로는, 외부의 자극을 이해하고 받아들이는 심리적인 지각행위, 제품의 사용에서 얻게 되는 경험이나 다른 정보를 통하여 구매행동에 변화를 가져오는 학습적 태도, 개인의 욕구에 따른 구매동기나 구매태도, 그리고 개인의 이미지나 자신

★ 정구현.이우롱, 〈마케팅원론〉

의 특성을 나타내고 싶어하는 개성이나 자아의 개념을 들 수 있다. 이런 개념을 이용하여 기업들은 'X 세대 문화'라든가 '미시족' 처럼 가공의 이미지를 통하여, 소비자들이 자아의 이미지를 이와 동일하게 하려는 심리적 욕구를 자극하여 종종 소비확산을 조장하기도 한다.

20
조화석습

어느 대학교수가 강의 도중에 갑자기 10만 원짜리 수표를 꺼내 들었답니다.

그리고서는
"이거 가질 사람 손들어보세요?"
라고 했대요.

그랬더니 모든 학생이 손을 들었지요.

그걸 본 교수는 갑자기 10만 원짜리 수표를 주먹에 꽉 쥐어서 구기더니 다시 물었습니다.
"이거 가질 사람 손들어보세요?"

그랬더니 이번에도 모든 사람이 손을 들었습니다.

교수는 또 그걸 다시 바닥에 내팽개쳐서 발로 밟았고, 수표는 구겨지고 신발자국이 묻어서 더러워졌습니다.

교수가 또다시 물었습니다.
"이거 가질 사람?"

당연히 학생들은 손들었지요.

그걸 본 교수가 학생들에게 말했답니다.

> "여러분들은 구겨지고 더러워진 10만 원짜리 수표일지라도 그 가치는 변하지 않는다는 것을 잘 알고 있는 것 같군요. '나'라는 것의 가치도 마찬가지입니다. 구겨지고 더러워진 '나'일지라도 그것의 가치는 전과 다르지 않게 소중한 것이랍니다. 실패하고 사회의 바닥으로 내팽개쳐진다 할지라도 좌절하지 마십시오. 여러분의 가치는 어느 무엇보다 소중한 것이랍니다."★

중국의 문호인 노신(魯迅)은 『조화석습(朝花夕拾)』에서 명망 있는 학자와 이야기할 때는 상대방의 말 가운데 군데군데 이해가 되지 않는 척 해야 한다. 너무 모르면 업신여기게 되고, 너무 잘 알면 미워한다. 군데군데 모르는 정도가 서로에게 가장 적합하다고 한다. 조화석습은 어떤 상황에 바로바로 대응하지 않고 꽃이 다 떨어진 저녁까지 기다리다 매듭짓는 것이 현명하다는 의미가 담겨 있습니다. 이른바 지식인 사회에서 적절한 처신이 그만큼 어렵다는 뜻일 것입니다.

기업에서 윤리적 행동이나 의사결정은 크게 공리주의(Utilitarian)

★ 〈좋은 생각〉

으로, 도덕적 권리(Moral Rights)로, 그리고 정의(Justice)로 접근된다. 공리주의적 접근에서는 최대 다수를 위한 최대행복(the greatest good for the greatest number of people)이 행동이나 의사결정의 가장 합리적인 판단기준으로 삼는다. 도덕적 권리의 접근에서는 개인과 집단의 자유와 권리에 기본적으로 일치시킬 수 있는 행동이나 의사결정을 윤리적 기준으로 삼는다. 정의적 접근에서는 개인과 집단사이 공평한 이익이나 비용의 분배를 윤리적인 기준으로 본다. 예를 들어, 새로 채용할 때 인종 성별 종교 출신 등에서 특별한 불이익이나 혜택을 없애는 것이다.

흔히 노사간에 갈등이 많이 일어나는 이유는 경영자는 공리주의적인 관점에 서고, 노동자는 도덕적 권리나 정의적 관점에 서서 의사결정을 하려고 하기 때문이다.

옛날부터 동양에서는 자연의 현상을 오행(水수, 火화, 木목, 金금, 土토)과 오상(智지, 禮예, 仁인, 義의, 信신)으로서 설명하려고 노력하였다. 그 중에서도 중국의 사서오경 중 하나인 '맹자'편에서는 '인(仁)'과 '의(義)'의 개념을 잘 설명하고 있는데, '인'은 사물을 어질게 보는 사상이며, '의'는 大利대리를 쫓는 사상이라 할 수 있다. 이들 사상은 오늘날 우리 사회나 기업의 대부분 조직에서 고려해야 할 이율배반적인 문제(조직 전체의 이익과 개인의 이익)에 적용될 수 있다.

미국을 비롯한 서구에서는 조직이 성장하고 발전하기 위해서는 개개인의 능력을 최대한 요구하고 그에 따른 대가를 지급하는 반면에 그렇지 못하거나 기업이 어려울 때는 전체 조직의 안위를 위해 과감한 해고를 실시하는 '의'의 개념이 보편타당하게 적용된다. 이것은 그들의 표현에 따르면 기업의 윤리적인 의사결정의 기준을 '공리주의(公利主義; 최대 다수의 최대행복)'적으로 접근(utilitarian approach)하고 있다. 일전에 미국 클라이슬러社사의 유명한 아이아코카 같은 사장은 회사의 회생을 위하여 35명의 부사장중 33명을 해고했고, 25,000명의 종업원을 해고시켰다.

반면, 우리나라나 일본의 경우에는 조직 전체의 목표 달성을 위해서는 개개인의 능력보다는 조직 전체의 화합이나 안정적인 분위기가 더 중요하다고 보며 따라서 기업이 좀 어렵더라도 과감한 해고로 인한 조직의 불안보다는 개개인들이 조금씩 희생하더라도 전체는 그대로 유지하려는 '인'의 사상이 지배적이었다. 이것은 기업의 윤리적인 기준을 '인간의 기본적인 권리를 보호(moral rights approach)'에 두었다. 서구의 복지국가들은 일찍이 이러한 '인'의 사상을 실천하여 왔다. 즉, 소득에서 일정한 세금을 거두어 이를 사회복지를 위해 쓰였고, 이러한 노력의 결과 이들 나라들은 소위 '요람에서 무덤까지'라는 구호가 나돌 정도로 사회적인 복지는 천국이었다. 그러나 이러한 '인'의 실천은 곧 많은 사람들의 나태를 불러 일으켜 근로의욕은 저하되고 이에 따른 사회복지비용의 충당은 갈수록 어려워졌다. 따라서 사회복지의 수준은 날로 저하되고 국민 전체의 복지는 개인적인 차원, 즉 '인' 사상에서 '의' 사상으로의 정책변화가 불가피하게 되었다.

그런데 아이러닉한 것은 미국사회에 점차 동양적인 문화를 가진 기업들이 들어가 '의'에 '인'을 보태면서 상당한 성과를 올리고 있고, 일본이나 한국의 기업들은 점차 미국과 같이 '인'에 '의'를 가미

시켜 개인의 능력을 중시하는 경향이다. 이러다보니 조직의 성과는 향상되는 듯 하지만 이와 반비례하여 집단의 화목은 약해지고 개인의 스트레스와 업무의 과로로 인한 사고가 많이 생긴다. 이렇게 본다면 '인(仁)'과 '의(義)'의 사상을 중용하려는 '조화석습(朝花夕拾)'의 실천은 참으로 어렵게 느껴진다.

"마음을 읽으면 경영이 보여요!"

초판1쇄 인쇄 2013년 8월 10일
초판1쇄 발행 2013년 8월 16일

저 자 이동철 · 진금옥 · 김병숙
펴 낸 이 임 순 재

펴 낸 곳 **한올출판사**
등 록 제11-403호
주 소 서울시 마포구 성산동 133-3 한올빌딩 3층
전 화 (02)376-4298(대표)
팩 스 (02)302-8073
홈페이지 www.hanol.co.kr
e-메일 hanol@hanol.co.kr

값 9,800원 ISBN 978-89-98636-39-5